実務が必ずうまくいく

中学校 生徒指導主事 の仕事術

55の心得

力久晃一 [著]

明治図書

はじめに

「生徒指導主事を任せた」

教員になって6年目の終わりを迎えた3月，次年度の教員7年目の分掌において生徒指導主事（主任）を担当してもらいたいと，当時の生徒指導主事と管理職からお話がありました。

当時28歳，まだまだ学校全体を動かすには若過ぎる年齢での任命でした。

今振り返ると，教員としての力量を評価されたのではなく，荒れた学校だったので，野球部上がりで生徒指導向きっぽいという見た目だけで任命されたような気がします。

「何かあったら相談に乗るから」

「任せた」と言われた2週間後，こう言いつつも，当時の管理職は定年退職，生徒指導主事は次の学校へと去られていきました。

机の上に残されたのは，山のような資料の数々。当時の私には何が重要なのかなど何もわからず，不安な状態で生徒指導主事としての1年がスタートしました。教員6年目の1年間は，学年の生徒指導担当として週に1回の部会には出ていたものの，生徒指導主事の仕事の全容は見えていませんでした。それゆえ，「あれもやらなきゃ」「これもやらなきゃ」と悩み，遠回りをしながら仕事に取り組むことになりました。

「自分にしかできない生徒指導主事の仕事があるはずだ」

こう考え，時間の猶予がない春休みに，夜を徹して年度当初の職員会議で提案するための資料づくりに励みました。学校の道しるべとなる，そして自分自身が悩んだときに立ち戻るためのビジョンをつくり，教員7年目の4月の職員会議で様々なことを提案しました。

その提案はうまくいくわけもなく，提案だけで約2時間かかってしまいま

した。前年を踏襲した取組に加え，自分の思いだけが先走り，まわりの姿が見えていない残念な提案となってしまいました。当時の管理職からは「ビジョンは伝わった。しかし，内容がぼやけていた」と言われ，仕事への熱い思いとは裏腹に，空回りのスタートだったのを今でも鮮明に覚えています。

　「生徒指導はマイナスをゼロにすることばかりではない」
　当時，勤務校は荒れていて，何かにつけて火消しを行い，生徒指導というとマイナスなものをどうにかゼロに戻すことだと考えていました。しかし，あるとき，管理職から「生徒指導は決してマイナスをゼロにするばかりではない。生徒がプラスになる取組を意図的につくるべきだ」と指導を受けました。そこから，毎週行われる生徒指導部会で「どんな取組で生徒を伸ばしていくか」ということを考えるようになりました。
　時間はかかりましたが，徐々に学校は落ち着きを取り戻し，非行に走る生徒や不登校の生徒は年々減り，学力が大きく伸びた学校として評価されるまでに変貌を遂げました。

　現在，20代や30代など，若くして生徒指導主事になられる方も多いと思います。生徒指導主事の仕事は，生徒への対応だけでなく，保護者対応，地域対応，提案資料作成，報告業務など多岐にわたります。それゆえ，現場ではその業務をスムーズに遂行する実務力が求められます。
　当時20代だった私が悩み，苦しんだ経験は，現在，多くの生徒指導主事が経験されている，あるいはこれから経験されることと思います。現在生徒指導の実務で悩んでおられる方々や，これから生徒指導主事として現場のキープレーヤーとなられる方々にとって，本書が一助となれたら幸いです。

　2025年2月

力久晃一

もくじ

はじめに　002

第1章
生徒指導主事としてのスタートダッシュ

01　年度はじめに，4つの基本的な役割を見直す　008

02　2種類の生徒指導の違いを認識する　010

03　生徒だけでなく，教員も安心できる企画を用意する　012

04　問題が起きたときの報告のシステムを構築する　014

05　年度はじめの職員会議に向けて周到な準備をする　016

06　3期／15か月サイクルで仕事を捉える　018

07　校長の懐刀としての役割を果たす　020

08　時代にチャンネルを合わせる　022

09　主な仕事のポイントを押さえ，効率化を図る　024

10　話す対象，人数の変化を意識する　026

11　同僚との協力関係を築く　028

12　問題行動調査のポイントを押さえる　030

第2章
悩まない生徒指導

13　共通理解を図り，共通行動を取る　034

14　「ブラック校則」の改善を図る　036

15　教職員全体で一貫した指導を行い，生徒の「納得」を重視する　038

16　「原則と例外」に迷わないために，2つの視点を押さえる　040

17　若さを武器に変える　042

18　スモールステップで理想の生徒像に迫る　044

19　指導が実を結ぶ時期にとらわれ過ぎない　046

20　生徒指導のビジョンを全教職員と共有する　048

21　長期休業中の注意事項を合言葉で伝える　050

22　男性的視点だけではなく，女性的視点も取り入れる　052

第3章
自信がもてる生徒指導

23　人生経験を補うために，まずやってみる　056

24　保護者対応を3つの場面に分けて，共通行動が取れるようにする　058

25　生徒と信頼関係を築くためのサポート，システム提案を行う　060

26　小学校と連携して，学力向上を図る　062

27　指導の線引きを生徒に示し，ポイントを押さえて叱る　064

28　生徒に期待する行動を端的に言語化する　066

29　特別活動と連携してアイスブレイクの活動を行う　068

30　攻めと守り，2つの生徒指導を使い分ける　070

31　生徒に声をかける時間帯を意識する　072

第4章
生徒が変わる生徒指導

32　怒鳴る指導を学校全体で脱却する　076

33　生徒の気持ちに寄り添う意識の共通理解を図る　078

34　生徒自身がネットトラブルを防ぐシステムを構築する　080

35　生徒会と連携して，生徒自身の力で荒れを改善させる　082

36　学校が荒れているときこそ，生徒本来のよさに目を向ける　084

もくじ　005

37 教室や校内の一部のデザインを生徒に任せる　086

38 良好な人間関係を築くために，あそびを有効活用する　088

39 様々な生徒が活躍できるイベントを生徒に運営させる　090

40 ダメもとでたくさんの提案を行い，生徒や教員の意識を前向きにする　092

41 委員会活動の中に，生徒の活躍の場を意図的につくる　094

42 生徒と教員のフォロワーシップを高める　096

第5章
個別指導と集団指導

43 学級の中での生徒指導　自主性を尊重し生徒自身に考えさせる　100

44 学校全体での生徒指導　指導の媒体や場を工夫する　102

45 生徒指導だよりや保護者会の工夫で家庭の理解，協力を得る　104

46 教育相談部との連携を図る　106

47 目的や実態に応じて面談を使い分ける　108

48 ロールプレイングを取り入れた参加型の保護者会を行う　110

第6章
こんなことも生徒指導

49 毎日のことを丁寧に指導する　114

50 授業中と休み時間の立ち位置を意図的に変える　116

51 給食，清掃活動を通して，相手を気づかう力を育てる　118

52 学級会を通して，自己選択，自己決定の力を育てる　120

53 異学年集団での活動を積極的に取り入れる　122

54 家庭訪問の効果を最大限に発揮する　124

55 学校に通う200日ではなく，365日が生徒指導という意識をもつ　126

第1章
生徒指導主事としての
スタートダッシュ

01 年度はじめに，4つの基本的な役割を見直す

生徒指導は，生徒たちが学業や人間関係，心の健康などで困難に直面した際に，彼らをサポートし，解決策を提供する役割を果たしており，学校において，「最後の砦」となることを意味している。

　生徒指導は，学習指導とともに，学校が教育目標を達成するための基本的で重要な機能です。

　すべての教職員が，すべての教育活動を通じて生徒一人ひとりの個性の伸長を図りながら，同時に自己存在感や社会性を育み，将来において社会的に自己実現ができる資質・態度を高めていく指導，支援です。

　この点を踏まえ，生徒指導主事には主に4つの役割があります。

①**生徒指導の組織的運営**
　生徒指導主事は，校内の生徒指導体制を確立し，学校全体の生徒指導を計画的に運営します。
②**情報収集と実態把握**
　生徒指導主事は，全教職員や家庭，地域住民から情報を収集し，生徒たちの実態を把握する必要があります。変化する社会状況や生徒の発達段階を踏まえて指導を行います。
③**指導と助言**
　生徒指導主事は，生徒指導に関する事項について連絡調整や指導，助言を行います。問題行動の発生時には，迅速かつ毅然とした対応も求め

られます。
④合意形成とチームワーク
　生徒指導主事は，学級の担任や他の教職員と連携し，生徒指導の方針や具体的な取組を共有し，チーム力を高めます。

　まずは，この4点に関わることを見直す機会をもちましょう。
　校内の生徒指導の組織が何年も前から変更されておらず，時代に合っていない部分はありませんか。年度当初の部会で見直しましょう。
　情報収集や実態把握については，自分から情報を取りに行く姿勢が大切です。**「今日は学年で何かありましたか？」**と帰宅する前に全学年に声をかけるだけでも，情報が集まりやすくなります。
　指導と助言については，一貫した指導を心がけるようにしましょう。問題行動はイレギュラーなことが多く，臨機応変な対応が求められるときもありますが，4月に職員全員で確認したマニュアルに沿うことが大切です。
　チームワークについては，日頃から授業を参観したり，担当でない部活動に顔を出したりすることで，教職員との壁が低くなり，いつでも相談しやすい協力関係を築くことができます。

　もちろん，生徒を育てるのは学校だけの役割ではなく，家庭や地域の役割も大きいものです。しかし，**地域や家庭に頼りすぎると，地域差，家庭差が生まれます。**だからこそ，学校が責任をもって生徒を指導，支援していく必要があります。

生徒指導の業務は多岐にわたるが，年度はじめに4つの基本的な役割を見直す機会をもつことが大切。「今日は学年で何かありましたか？」を合い言葉に，情報が集まる工夫をしよう。

02 2種類の生徒指導の違いを認識する

生徒指導には「積極的な生徒指導」と「消極的な生徒指導」の2種類がある。自己決定の場を与え，共感的な人間関係の育成を目的とすれば，生徒指導でできることは数多くある。

　問題行動などへの対応や事後指導を「消極的な生徒指導」と呼ぶのに対し，「積極的な生徒指導」とは，未然防止に向けた取組や予防的な指導を積み重ねていくことを指します。「積極的な生徒指導」は，教育課程のすべての領域に取り入れ，自己決定の場を与えること，自己存在感を与えること，共感的な人間関係を育成することを目的としています。「積極的な生徒指導」は，問題行動の発生を未然に防止し，すべての生徒が自己実現を図っていくための能力の育成を目指しています。

　以下のような取組が積極的な生徒指導に含まれます。

生徒の役割を明確にし，プラスの評価を行う
　全員がクラス内で役割をもち，その役割に応じた評価を受けることで，自己存在感を高めます。
共感的な人間関係を育成する
　生徒同士が互いの発言を尊重し，認め合う活動を設定します。
自己決定の場を提供する
　クラスのルールや活動について，生徒自身が話し合い，決定する時間を確保します。

　これにより，生徒は自分たちの行動に責任をもち，問題行動が起きにくい

環境をつくりだすことができます。

また、「積極的な生徒指導」には以下のような具体的な実践があります。

> **いじめゼロ宣言**
> 　いじめの未然防止を目的として、全校生徒で話し合い、いじめを許さない環境をつくり出すための具体的な目標を設定し、各自がその目標に向かって努力することを促します。各学校の生徒会の代表が集まり、各校の発表を通して、自分たちの学校でも取り入れられる活動がないか協議、検討をしているような地域もあります。
>
> **ピアサポートプログラム**
> 　このプログラムでは、生徒が他の生徒をサポートする役割を担い、問題が発生した際に早急に対応できるようにします。ピアサポーターは特別なトレーニングを受け、友人の悩みを聞き、適切なサポートを提供します。
>
> **クラス会議**
> 　生徒が自分たちの意見やアイデアを自由に発表し、クラスのルールや活動について話し合います。これにより、生徒たちは自分たちのクラスを自分たちでつくり上げる意識をもち、責任感が育まれます。

上記の実践は、私の勤務校でも取り入れてきました。

生徒指導というと、「消極的な生徒指導」を連想し、マイナスなイメージをもちがちですが、**「積極的な生徒指導」で生徒のよさを引き出す、生徒の力を伸ばすことが重要**です。

問題が起きる前の未然防止に向けた取組や予防的な指導がカギとなる。共感的な人間関係を育成し、自己決定の場を設定しよう。

第1章　生徒指導主事としてのスタートダッシュ　011

03 生徒だけでなく，教員も安心できる企画を用意する

例年を踏襲するような年間指導計画を見直し，年度はじめの企画を考えることが大切になる。

　年度はじめの生徒指導の企画は，学校全体の方針や目標を設定し，生徒たちが新しい学年をスムーズにスタートできるようにするために重要です。年度はじめは慌ただしいですが，そんな中でも，生徒指導主事として以下のような企画を考えておきたいものです。

オリエンテーションプログラム

　新入生や進級生を対象に，学校のルールや期待される行動について説明するオリエンテーションを実施します。これには教員からのメッセージ，学校の施設紹介，先輩生徒からのアドバイスなどが含まれます。このオリエンテーションは，生徒会行事として位置づけられていることが多く，生徒会担当の教員と意思疎通を図るチャンスと捉えましょう。

　私の勤めてきた学校では，すべて「学級開きプログラム」をつくってきました。学級開きのプログラムを全校で統一することによって，学級間のズレを限りなく小さくすることが可能になります。また，この学級開きプログラムがあれば，**生徒だけでなく，教員も先が見通せるメリット**があり，年度はじめの慌ただしい時期を乗り越えるのに役立ちます。

チームビルディング活動

　新しいクラスの仲間との絆を深めるために，チームビルディング活動を行います。グループエンカウンター（バースデーリングや共通バスケット，「私はだれでしょう」クイズなど）を通じて，協力やコミュニケーションの重要性を学びます。

　私はよく，「先生からいすを守り抜けゲーム」（具体的な活動内容は項目29を参照）を取り入れています。この活動はコミュニケーションの重要性や協力を自然に学ぶことができるため，参観に来た他の教員からも真似をしたいと言われた，おすすめのグループエンカウンターです。学校全体で取り組む計画を年度当初に立てることで，初任者や経験が浅い教員も生徒の心をつかみやすくなります。**生徒だけでなく，教員を安心させることも，生徒指導主事が意識したいポイント**です。

保護者との連携

　年度はじめに保護者会を開催し，学校の方針や生徒指導の計画について説明します。保護者との連携を強化することで，生徒の家庭でのサポートが得やすくなります。学校のルールに関し，今後１年を左右する大切な行事として位置づけましょう。後に「言った言わない」「聞いた聞いていない」とならないように場所が確保できれば生徒にも一緒に話を聞かせるようにします。なお，**保護者に配付する資料は，各学年ごとの掲示板や教室の掲示板にも掲示しておき，常に教員と生徒が確認できるようにしておきましょう。**

年度はじめの重要な活動を学校全体で統一しよう。初任者や経験が浅い教員にも配慮した企画を提案することがポイントとなる。

第1章　生徒指導主事としてのスタートダッシュ　013

04 問題が起きたときの報告のシステムを構築する

> 生徒指導主事の仕事の1つに様々な調査に対しての報告がある。その報告を日常の業務と並行して行わなければならない。報告,連絡,相談にプラスして,記録の取り方も意識したい。

　生徒指導では,いわゆる「ホウレンソウ」(報告,連絡,相談)が特に大切だと言われます。生徒指導の案件は,学校全体に関わることが多いので,各学級や学年から日常的に情報が集まるように,まずは日頃からコミュニケーションを図っておくことが重要です。生徒指導がうまくいっていないときは,事後報告だけということが少なからずあります。**全部終わってから,丸く収まってから報告しようとした結果,初期対応に不備があり,後でとんでもない尻ぬぐいをしなければならなかったり,大きな問題にまで発展したり**ということがあります。どのタイミングで「ホウレンソウ」をするのかということを,共通理解しておきましょう。

報告のシステムの具体

　問題が起きた段階で学年主任と生徒指導主事に報告するシステムを構築しましょう。生徒指導主事は学年主任と,どのような方向にもっていくのか,終わりのイメージをもって指導方針を決めます。その報告があったときに生徒指導報告書を作成し,各学年に早急に回覧します。これにより,職員室にいる教員が何が起こったかを判断することが容易になりますし,その件に対してのプラスαの情報を提示することにつながります。その際,だれがその指導に関わるのかチェックボックスで確認し,指導を透明化します。そして,

回覧した生徒指導報告書を残しておくことで，いつ起こった出来事なのか，だれが関わっていたのか，どの教員が指導したのかなどの記録が残ります。また，「なんか他の学年バタバタしていない？　何かあったのかな？」と今まで考えていた教員にも周知しやすくなります。最終的に管理職まで回覧されるシステムを構築しておけば，「管理職は知らなかった」というようなこともなくなります。

流れを整理すると，以下のようになります。

問題発生
↓
学年主任と生徒指導主事に報告（だれが対応するか方針を決定）
↓
生徒指導主事が管理職に報告し各学年に回覧する生徒指導報告書作成
（ここでは問題の概要と指導方針を記述する）
↓
問題に対応
（長引く場合は中間報告をする）
↓
生徒指導報告書を完成させ，回覧
↓
校長室で保管

些細なことでも生徒を指導する際は主任に報告するシステムをつくりたい。生徒指導報告書をつくり，どの教員にも起きた出来事に関心をもってもらえる体制を整えよう。

05 年度はじめの職員会議に向けて周到な準備をする

年度はじめの職員会議では，生徒指導以外にも確認すべきことが多々ある。そのため，新しく赴任した教員でもわかりやすい資料で説明する必要がある。

　年度はじめの職員会議は，生徒指導の話だけで半日かかる学校もあるくらい，ボリュームがあります。そして大変なのが，新しく赴任した教員に自校のルールを周知し共通理解を図ることです。この先の1年が4月の職員会議で決まるとなると，ここでの確認作業はとても重要なものとなります。

資料の準備

　年度はじめの職員会議では，生徒，保護者用と教員用の2つの資料を準備しましょう。そして，生徒，保護者用の資料の確認に多くの時間を割くことをおすすめします。教員用は教員しか見ることはなく，後からでも修正は可能です。しかし，生徒，保護者用の資料は一度配付してしまったら最後，その資料に途中で変更を加えることは簡単にはできません。

　また，そのような資料は前年度の踏襲であることも多いため，**①時代に合っているか，②生徒や保護者にきちんと説明できるか，という2点に重きを置いて確認すること**が大切です。

　特に生徒指導主事になりたてのころは，前年度の踏襲になりがちですが，きちんと自身が説明できるように資料を見直す勇気をもちましょう。

根回し活動

　年度はじめの職員会議を円滑に進めるためには，前年度から在籍している教員への根回しも大切です。あなたが提案者の場合，味方は多いに越したことはありません。そして，**前年度と変更になる場合，「○○のように変更しようと思っているのですが…」と相談すると，親身になってアドバイスをくださる教員もいるはず**です。また，職員会議でよく発言される教員を思い浮かべ，その教員にアドバイスをもらいに行く姿勢も忘れないようにしましょう。「段取り八分の仕事二分」という言葉があるように，年度はじめの職員会議を迎える前に準備しなければならないことの１つとして，この根回し活動を頭に入れておくとよいでしょう。

謙虚な心，「さらに学校がよくなるために」という視点で

　年度はじめの職員会議で，思い通りにいかないことがあり，再提案を促される場合もあると思います。その際は，落ち込む必要もいら立つ必要もありません。

　見通しが甘かったことは否めませんが，**「今よりももっと学校がよくなるためにもう一度提案するチャンスをもらえた」**とプラスに捉えましょう。物事をプラスに捉える姿を生徒指導主事自ら示すことも大切です。生徒指導主事が謙虚な心をもって真摯に取り組んでいると，本当に困ったときに助けてもらえる集団へと職員室の雰囲気がきっと変わっていくはずです。

資料は，生徒，保護者用の方を力を入れて検討しよう。
準備が８割と心得て，根回しのうえで円滑な会議進行に努めたい。
謙虚な心も忘れないようにしよう。

第1章　生徒指導主事としてのスタートダッシュ　017

06 3期／15か月サイクルで仕事を捉える

> 生徒指導主事の仕事は，1年間よりも15か月のサイクルで考えた方がよい。前年度の課題を踏まえ，次の年につなげる取組として各月にやることを整理しておきたい。

　生徒指導主事の任期は1年ですが，3つの期間（準備，実行，振り返り）に分けて，15か月サイクルで流れを見通すことをおすすめします。

準備期間（前年度の1～3月）

　最初の1年はこういうわけにはいきませんが，生徒指導主事を打診された段階で準備を始めましょう。そして，2年目以降は1月から3月に次年度の準備期間を設けましょう。
　「この1年間を振り返ると，成果はこれで課題はこれだな」
　「次の1年間のビジョンはこれにしよう」
　「4月の提案はこうしよう」
　などのように，**ここでどれだけ次年度のことを考えられるかが1年間円滑に仕事を進めていくためのカギ**となってきます。3学期というのはその年度のまとめの学期でもあり忙しいですが，ここでの根回しや準備は重要です。

実行期間（4～12月）

　1年間のビジョンや計画を基に，1，2学期にやろうとしていたことを実行していきます。前年度の1～3月に立てた計画を1学期の4～7月で実行

し，4〜7月の1学期に立てた計画を9〜12月の2学期で実行しましょう。

QUテストなどに取り組む場合は，1学期に1回，2学期末に1回，3月に結果を検証というような流れで実行期間を2学期までに収めると，ゆとりをもった1年間になります。くれぐれも**3学期には新たなことを実行するのはやめましょう**。やりっぱなしの活動になり，変化があったのかどうかということの検証期間が不十分になります。食事でも「腹八分」という言葉があるように，生徒指導の実行部分も腹八分にとどめておくことが大切です。生徒指導主事自身は1年の見通しがあり，余裕もあるかもしれませんが，自分が大丈夫でもまわりはそうでないこともあるということをしっかり認識しなければなりません。**生徒指導主事が先頭を走ることは大切ですが，まわりがきちんとついてこられるような配慮を欠かさないようにしましょう。**

振り返り期間（1〜3月）

実行期間を終えたら，次は振り返り期間です。PDCAサイクルのC，チェックの部分です。1，2学期に実行したことについて，効果があったのか検証します。

「やりっぱなしで検証なし」ということが教育現場では少なくありません。しかし，検証結果を他の教員にフィードバックすることで，その取組がどれほどの効果をもたらしたのか，次年度もその取組を継続するべきか，といったことが可視化されます。**効果がないと思われる取組は思いきってやめるか，効果がしっかりと感じられるように形を変える必要があります。**

準備期間（前年度の1〜3月）に次年度の計画を立てよう。
実行期間（4〜12月）はゆとりをもって仕事を進めよう。
振り返り期間（1〜3月）は実行したことの検証をしよう。

07 校長の懐刀としての役割を果たす

学校の根幹を担うといっても過言ではない生徒指導主事は、校長もだれに任せようかと悩むところ。その大役を任されたら、校長の懐刀として期待に応えたいところ。

「懐刀」とは、懐中に所持する護身用の小さい刀のことであり、「腹心の部下」といった意味でも使われます。腹心の部下とは、上司に忠実であり、重要な計画や相談に参画している部下を指し、信頼を寄せる人に対して使われることが多い言葉です。

生徒指導主事の適性

校長があなたを生徒指導主事に適任だと考える理由は、下記のどれかに当てはまります。

1 生徒指導の意義や課題を十分に理解している
2 他の教員から信頼されている
3 生徒や保護者から信頼されている
4 学校教育の全般を見通す視野や識見をもっている
5 生徒指導に必要な知識や技能を身につけている
6 生徒指導の専門的な知識や技能の向上に努めている
7 生徒指導に関わる事項について、全教員で共通理解を図り、意欲的な取組を促進している

1～7のすべてには当てはまらない方もいるかもしれませんが、生徒指導

主事を任される方なら，多くの項目に当てはまるのではないでしょうか。当てはまらない項目があれば，それは伸びしろです。

校長が求めていること

　生徒指導主事を任せる前提として１～５は一定程度満たしている可能性が高いので，生徒指導主事を任せることで，校長は６や７に期待しているのではないでしょうか。

　私のまわりの生徒指導主事も，１～５については基本的にだれもが当てはまりますが，６，７については当てはまる人が少ないです。時代が目まぐるしく変化する今の時代，やはり知識や技能もアップデートしていかなければなりません。**生徒指導主事が最新の知識や技能を習得しようとする姿は，他の教員にも必ずプラスの効果をもたらします。**校長が期待しているのは「前例踏襲の安定した生徒指導」ではなく，「新たな風を吹き込む生徒指導」なのかもしれません。もちろん，「安定した土台の上に」というのが前提ですが，あなたにしかできない意欲的な取組をどんどんと発信したり，今まで校長が気づかなかった新たな視点に着目したりということが求められています。

　校長が追い求める理想の学校実現ということを常に頭に入れておき，その理想がかなうように，よき相談役として学校全体に影響を与える懐刀を目指していきたいものです。

校長の懐刀として，自分にしかできない生徒指導主事は何なのかを常に考えて行動しよう。そのためには，知識や技能のアップデートを心がけ，意欲的な取組を推し進めよう。

08 時代にチャンネルを合わせる

> 生徒指導は時代とともに変化している。学校現場に求められることはひと昔前よりは多くなってきており，生徒指導主事としてそのニーズに合った指導を心がけていきたい。

　昭和，平成，令和で見たとき，その時代の生徒指導をひと言で表すとどのようになるでしょうか。私なら，
　昭和は「規律と忠誠」
　平成は「多様性とコミュニケーション」
　令和は「共感性と柔軟性」
という感じに表します。
　このように，生徒指導は時代とともに変化しています。

問題行動の変化

　昔は対教師暴力が多かったのですが，現在はいじめや生徒間の暴力行為の件数が増加しています。また，いじめ，暴力行為の低年齢化も問題視されています。さらに，最近では，不登校になる生徒も多く，令和4年度の文科省の調査でも30万人弱が該当します。多くの学校で学校に来られない生徒への対応が求められていると思います。

教員と生徒の関係の変化

　昔は今では受け入れられない指導も多々ありましたが，教員と生徒の距離

感は近く，教員に対する信頼も厚いものでした。私も，昔は携帯電話の番号を教え，「何かあったら24時間365日いつでも連絡しておいで」なんてことを言っていましたが，今は携帯電話の番号を教えたり，SNSでつながったりすることはNGで，しっかりと線引きする必要があります。このように，社会の変化を反映して，教員と生徒の関係も複雑化しています。

教育法規の変化

いじめ防止対策推進法などの法律が成立し，生徒指導に対する意識や関心が高まっています。昔は「いじり」で許されていたことも，「いじめ」と認定され，経過観察など報告も複雑化しました。

教育的アプローチの変化

昔は系統主義的な教育が主流でしたが，現在は経験主義的なアプローチも重視されています。また，教員が教え生徒が学ぶという構図から，ピアサポートなど生徒同士で成長し合うことも最近は取り入れられています。

昔は有効だった手法が，今では通用しないということも多々あります。「昔はこうだった」と自分の中学生時代を振り返るのではなく，新たな手法を学んでいく必要があります。

生徒指導は昔と今で大きく変化しているため，現在の対応をしっかりと学んでいく必要がある。不登校生徒への対応は重要であり，ピアサポートなど新たな手法を取り入れ，生徒一人ひとりに合った指導を行うことが求められる。

第1章　生徒指導主事としてのスタートダッシュ　023

09 主な仕事のポイントを押さえ，効率化を図る

> はじめて生徒指導主事になると，その仕事量の多さにだれもが驚く。学校全体に関わることばかりなので，効率的に仕事を進めていくことがカギになる。

　生徒指導主事の仕事は多岐にわたりますが，主なものとして，以下の仕事があげられます。ポイントを押さえ，効率的に仕事を進めましょう。

日々の声かけ

　トラブルや問題行動を未然に防ぐため，生徒たちに声をかけて指導します。集会で話をしたり，掲示板や通信を活用して生徒の規範意識を高めたりします。あいさつ運動などは，教職員，生徒会，地域が連携して行うので，その調整なども生徒指導主事が行います。

トラブル対応

　どんなに未然防止の呼びかけや啓発活動を行っても，トラブルは起こるものです。そのトラブルが起きたとき，学級担任と連携しながら生徒の指導に当たります。学校で起きること以外にも，地域で起きたことやネット上のトラブルなども対応しなければならず，昔より対応が難しくなってきています。

　トラブル対応には多くの時間を要します。やはり，**常に先回りの行動をして，未然にトラブルを防いでいく意識が大切**です。

調査の実施，書類の提出

　教育委員会から指示された調査を実施して報告したり，学校独自のいじめのアンケートを実施して公表したりと，生徒指導に関わる調査実施，書類提出は1年間を通じてかなりの量があります。全学級分の資料を整理し，**すぐに引き出せるように，重要な項目はデータとノートの両方で管理します**。

職員会議での提案

　年度はじめの提案だけでなく，非行防止教室やネットモラル教室など様々な提案を行います。この提案を無難に進めていくためには，日頃の教員とのコミュニケーションが大切になってきますし，管理職や学年主任と相談していく必要もあります。また，講師を呼ぶような提案では，先方の都合などもあるので，連絡調整をするスケジュール管理が求められます。**実施日から逆算して，スモールステップで物事を進められるようにTo Doリストを活用しましょう**。

　その他にも様々な部会への出席を求められたり，民生児童委員や地域のパトロールなど学校の外での活動もあったりと，仕事の内容は本当に多岐にわたります。
　また，生徒指導主事の仕事は外部，学校全体，学年と3つに分類しておきましょう。優先順位は外部が一番高くなります。

トラブル対応には多くの時間を要するので，やはり未然に防ぐ普段の行動が重要。To Doリストなども活用しつつ，外部の仕事から優先的に進めていこう。

10 話す対象，人数の変化を意識する

> 生徒指導主事になると，話す対象と人数が大幅に増える。
> 共通理解，共通行動のためには，話し方の工夫が必要。
> 話し方，目線に気をつけ，生徒の印象に残る話をしたい。

　今までは一学級担任として，1クラス40人の生徒に話すことがほとんどだったと思います。話す内容も，生徒指導主事や管理職が用意した文章で，決まった内容を伝えることがメインでした。

　ところが，生徒指導主事になると，話す対象が1クラスから全校生徒へと変化します。1学年5クラスの学校であれば，40人からいきなり600人に話す人数が増えます。私がはじめて生徒指導主事になったときは，1学年4クラスの学校だったので，話す対象が40人から約450人に増え，不安を覚えた記憶があります。

　話をする場所も，教室から体育館のステージ，校内放送，オンライン放送などへと変化します。このような変化に対応することも，生徒指導主事には必要です。

　以下では，体育館で全校生徒に話す場面に焦点を当てます。教室で話すように話していては全校生徒にはうまく伝わりません。ではどのようにすればよいのでしょうか。ポイントを3点あげます。

対象に応じて内容をまとめ，話に要する時間を把握する

　当たり前のようですが，意外とこれができていない人が多くいます。物事を相手に過不足なく伝えるには，聞き手の集中力を考慮する必要があります。

中学1年生に話すのか，中学3年生に話すのかでも時間は変わってきますし，全校生徒に話す場面ではまた変わってきます。だれを対象に話をするのか，そして，その対象者の集中力，理解力に合わせて話す内容をまとめ，話に要する時間を把握しておくことが大切です。**慣れるまでは，事前にストップウォッチで時間を計ってみるとよいでしょう。**

話の中に視覚的な効果や生徒が動く場面を入れる

　簡単なことで言えば，一番伝えたい事柄を大きな紙に書いて提示し，生徒にも復唱させるというやり方です。時間があれば，スライドにまとめて話をする方が要点を伝えやすくなります。**基本的に話を聞く生徒側は受動的な構えである**ことを認識し，生徒に少しでも動きがある（隣と意見交換をする，全体で声をそろえて言う，など）ような話し方を目指しましょう。

Zの目線で生徒を見て話をする

　大勢の前で話をすると緊張する方もいると思います。人は緊張すると一点ばかりを見つめたり，視線が定まらなかったりすることがあります。そこで，体育館で話をするときは，生徒の①左奥から右奥へ，②右奥から左手前へ，③左手前から右手前へとZの字で目線を動かします。**これを一定のリズムで繰り返すことで，生徒は生徒指導主事と常に目が合っていると感じます。**

時間，生徒の構え，目線に気をつけて話をしよう。毎回この3点を意識して話すことで，話し方の型ができ，回を重ねるごとに生徒の印象に残る話に近づく。

第1章　生徒指導主事としてのスタートダッシュ　027

11 同僚との協力関係を築く

生徒指導主事の仕事は1人で進めていくのは困難であり，同僚との協力関係が不可欠。事前に声をかけておくことで同僚の負担を減らしつつ，効率的に仕事を遂行したい。

　生徒指導主事の仕事を円滑に進めていくためには，同僚との協力関係を強固に築くことも不可欠です。以下にポイントを示します。

共通理解の確立

　教員が協力して生徒指導を進めるためには，共通理解が必要です。問題解決や対応策について意見を共有し，一致した方針をもつことが大切です。臨機応変に対応することが求められる場合もありますが，**悩んだときは基本的に学校ごとに作成している生徒指導指針に立ち返るようにしましょう**。

コミュニケーションの活性化

　定期的なミーティングや情報共有の場を設け，教員同士がコミュニケーションを取ることが重要です。何かトラブルが起きたとき，対岸の火事ではなく，「あの先生の力になりたい」と協力してくれる教員がいてほしいものです。そう思わせるには，やはり日頃からのコミュニケーションが不可欠です。私は「この指止まらん会」というものを定期的に開催し，一緒にご飯を食べて友好を深めるように努めてきました。その効果もあり，徐々に教員間の団結が高まり，問題が減っていきました。**教員が1つにまとまっている姿を生**

徒が見ると安心感を得られ，学校生活が落ち着くことも実感しました。

役割分担と協働

　生徒指導主事と他の教員は，それぞれの専門性を生かしながら連携します。文科省から依頼がある調査では，教育相談部会との連携が必要です。月ごとの長欠報告がある場合は，一緒に整理することで，その後の大きな調査のときの負担がかなり違ってきます。欠席とその理由，スクールカウンセラーとの連携や教員との関わり方など，**長欠報告にプラスαの情報を書き込めるシートを Excel などでつくっておきましょう**。

プロフェッショナリズムと信頼

　信頼関係を築くには，**担任の悩みや声に耳を傾け，プロフェッショナルな姿勢で接し，適切なアドバイスを行うことも重要**です。その際，心理学や教育相談の書籍から得られた学びなども添えて伝えると信頼度がアップします。

　学年主任にも同じようなことが言えるのですが，生徒指導主事になったら3か月先の仕事を進めていくイメージで取りかかりましょう。**3か月先の仕事を進めていけば，同僚への協力依頼がしやすく，同僚も時間にゆとりをもって仕事をすることができます**。結果的に仕事を円滑に進めることができ，ミスも限りなくゼロに近づきます。

同僚とのコミュニケーションの場を企画しよう。信頼関係を築くには同僚の悩みに耳を傾けることも重要。経験以外に，書籍などから得た学びも伝達しよう。

12 問題行動調査のポイントを押さえる

生徒指導主事の仕事にはいろいろな調査，報告がある。中でも文科省調査は Excel ファイルで何十ページにもわたるため，効率的に仕事を進めていくことが求められる。

　毎年5月に報告するものとして，文科省の問題行動調査（児童生徒の問題行動・不登校等生徒指導上の諸課題に関する調査）があります。私が生徒指導主事になったばかりのときは，この調査に苦しめられました。普段の業務＋25ページもの報告書（当時はもっと多かった）になるので，効率的に仕事を進めないと業務が滞ります。そして，この調査には前年度の内容を答える項目もあるので，前年度の引き継ぎ資料を探すことから仕事が始まります。いざ入力しようとすると，教育相談的な内容もあるため，生徒指導の引き継ぎ資料だけでは足りないことに気がつきます。また，入力が完了した後も，少しでもおかしなところがあると赤でエラーの文字が出現します。自分の読解力のなさに何度頭を抱えたことでしょう。

　そうならないために，押さえるべきポイントをいくつか紹介します。

前年度の生徒指導主事と連携する

　同じ勤務校に前年度の生徒指導主事がいる場合，前年度の引き継ぎ資料に4月の段階で一緒に目を通しておくとよいでしょう。5月の報告時期には，意外と前年度の内容は忘れてしまっているものです。そのため，**年度が変わったばかりの比較的記憶に残っている段階で一緒に目を通すことが重要**です。

　前年度の生徒指導主事が異動された場合や退職された場合は，さらに早め

に連絡を取っておくとよいでしょう。できれば，春期休業中の段階で打ち合わせておきたいものです。

教育相談担当の教員と連携する

5月に文科省調査があるということを伝え，前年度の調査報告の用紙を印刷して，教育相談担当に渡します。その際，**「ここの部分の報告がスムーズにできるよう，○月○日までにまとめていただきたい」**といったように伝えます。あらかじめ期日を示しておくことで，教育相談担当の教員もゆとりをもって準備ができます。

3種類に分けて記録ノートをつくる

ノートを3種類準備し，「問題行動」「いじめ」「長期欠席」の3つに分けて記録を取ります。そのノートに5W1Hで記録を取ると，自分が報告する場合も，次の担当者に引き継ぐ場合もどちらも有効活用できます。

以上の3つをしっかり準備していても，エラーが出るときもありますが，格段にエラーが出る可能性は低くなります。何年も生徒指導主事をやれば，文科省調査もミスは減ると思いますが，毎年この調査に苦しめられている生徒指導主事を見てきました。だからこそ，**生徒指導主事になりたてのころは，うまくいかないものだと考え，必要以上に落ち込まないことも大切**です。

前年度の生徒指導主事と連携を取り，4月の段階で早めに引き継ごう。前年度と今年度の教育相談担当の教員とも連携を取り，必要な準備をあらかじめお願いしておく。記録ノートの工夫も重要。

第1章 生徒指導主事としてのスタートダッシュ　031

第2章
悩まない生徒指導

13 共通理解を図り，共通行動を取る

> 生徒指導では，全教職員の共通理解，共通行動が重要。皆が同じ解釈で物事を進めたり，だれもが同じような指導ができたりするのは，生徒にとっても安心感がある。

生徒指導において，共通理解と共通行動は重要です。

共通理解

　文部科学省が作成する「生徒指導提要」は，教職員間や学校間で共通理解を図り，組織的・体系的な生徒指導を進めるための基本書です。この「生徒指導提要」を軸として教職員間の共通理解を図るよう意識しましょう。

　また，学校間の連携も必要です。今の時代，学校ごとに大きな差があると，すぐにSNSなどで拡散され，他校と比べられる状況になります。その際，軸となるものがきちんとあれば，説明責任を果たすことができます。

　学校ごとに工夫が認められるものもありますが，この基本軸からは大きく逸脱しないようにしましょう。また，共通理解を広く捉え，教職員と生徒との共通理解，教職員と保護者との共通理解という部分を考えられるようにしていきましょう。

　では，まず教職員間で共通理解を図るためには，どうすればよいのでしょうか。

　すぐに思いつくのが，職員会議や生徒指導部会です。全体で足並みをそろえられる絶好の機会です。

職員会議であれば，教職員が一堂に会することができるため，ここで方針や目標を共有し，意見交換を行いましょう。また，生徒指導部会ごとに少しずつずれていくかもしれない教職員間の理解を軌道修正していくことも重要です。

　次に生徒や保護者との共通理解を図るにはどうすればよいのでしょうか。
　生徒においては日々の短学活や定期的に行われる学年集会で，保護者においては保護者会や三者面談，学校メールなどで共通理解を図ります。
　ちなみに，4月のオリエンテーションで話す機会があれば，生徒と保護者の両方が聞ける体制を整えておきましょう。学校のルールに関しては保護者と連携を取り，家庭の協力を得る場面が多々あります。**「聞いた」「聞いていない」という生徒，保護者を減らすためにこの対応を取りましょう。**

共通行動

　教職員，生徒，保護者が共通行動を取れるようしっかりとサポートしていきましょう。先述の共通理解ができていれば，ここでの指導はぐっと減ります。

　教職員に関しては，年度当初に確認した手順で生徒指導に当たるようにしましょう。生徒や保護者については，違反があった場合は指導という流れになりますが，その生徒がルールのある社会で1つずつ学んでいくよい機会と捉え，温かく愛のある指導を心がけましょう。**一度ではうまくいかなくても何度もわかるまで粘り強く指導していく姿勢が大切ですし，そういう共通行動を取れると，生徒や保護者との信頼関係の構築にもつながります。**

教職員だけでなく，生徒，保護者とも共通理解を図ろう。

14 「ブラック校則」の改善を図る

学校には様々な校則がある。この校則は時代に合わせて見直していくべき。何のためのルールなのかということを，教職員だけでなく生徒と共に考えたい。

最近,「ブラック校則」という言葉をよく聞くようになりました。
「ブラック校則」とは，一般社会から見て不合理な校則のことを指します。これは，生徒個人の尊厳を傷つけたり，ハラスメントに該当したり，場合によっては健康を損ねたりする可能性があります。校則の性質上，生徒が選択できる余地はなく，理不尽であっても従わなくてはいけない点が「ブラック校則」の問題点です。具体的な事例として，髪型や髪色の過度な指定，制服や下着の着用方法に関する細かい規制などがあげられます。

この「ブラック校則」に対して，生徒たちは様々な方法で抗議しています。
生徒指導主事はその抗議の方法を熟知し，事象ごとに対応することが求められます。

①署名活動，嘆願書
　生徒が署名活動を行ったり，嘆願書を作成したりして，校則の改善を求めることがあります。これにより，多くの生徒が意見を表明し，学校側に対して要望を伝えることができます。
②メディア，SNS
　メディアで取り上げられたり，SNSで生徒自身が発信したりして校則の問題が広まることがあります。記事や投稿を通じて，他の生徒や保護者，教職員に意見が周知されます。これらはしばしば，「そんなこと

を今もやっている学校があるのか」「人権侵害だ」など,いわゆる"炎上"という形で特にSNS界隈で騒がれます。

③保護者や教職員との対話

　生徒が保護者や教職員と直接対話し,校則の改善を求めるケースです。保護者の協力を得て学校側に具体的な提案を行ったり,PTAとの話し合いで課題が表出し,学校として回答を求められることもあります。

④法的手段

　昨今,一部の生徒は法的手段を検討することもあります。弁護士の助言を仰いで,校則の違法性や不合理性を訴える場合があります。

　集団生活をしていくためにはルールが必要であり,そのルールによって一定の秩序が保たれます。しかし,時代の変化によって行き過ぎたルールになってしまっている校則があるのが事実です。例えば,令和の時代に「男子は坊主しか認めない」などという校則があれば問題でしょう。こういった校則が当たり前という時代があったことを踏まえ,生徒指導主事として**「時代が変わってもこの校則が必要かどうか」**という視点で物事を見ていく必要があります。「ブラック校則」を改善する手順は以下の流れが考えられます。

1　生徒や保護者からの意見聴取,対話や,他の学校との比較のための調査,データ収集
2　1を踏まえた校則の見直しと時代に合ったものへの改訂
3　透明性と公平性を確保するための公開

　以上のようなことを,教職員,保護者,生徒の三者で校則検討委員会をつくって実行します。

どういう手段で校則についての抗議があるかを知っておこう。また,校則を改善する手順や方法を検討しよう。

第2章　悩まない生徒指導　037

15 教職員全体で一貫した指導を行い，生徒の「納得」を重視する

学校には一貫した指導が求められる。教員間で指導の差があると生徒は不平不満を口にするようになる。「説得と納得」という言葉があるが，しっかりと腑に落ちて納得できる指導を心がけたい。

一貫した指導で教員間の差をなくす

生徒指導では一貫した指導が求められます。それは，生徒指導主事のあなただけでなく，あなたの同僚も同様です。あなただけが一貫した指導をしていても効果はありません。

生徒指導主事をやっていて大変だと思うことは，**起こった事象に対しての各教員の考えに温度差がある**ということです。当該生徒がいるクラスの担任と，該当生徒がいなくて対岸の火事だと考えている担任とでは，生徒に声をかける際に差が生まれます。そして，その差が同じような事象を繰り返し引き起こす原因だと考えます。

では，教職員全員が一貫した指導をできるようにするためには，どうすればよいのでしょうか。それは，生徒指導主事が台本をつくり，「この内容を生徒の前で読んでください。そのうえで担任としてさらにつけ加えて指導をしてください」とお願いすることです。

台本をつくり，それを生徒の前で読んでもらうことで，指導の一貫性を確保します。つけ加えられる指導に多少温度差はあるかもしれませんが，生徒指導主事として伝えたいことは台本に込めます。体育館に生徒を集めて生徒指導主事が話をする方法もありますが，これでは他の教員の意識は変わりません。「1人の100歩よりみんなの1歩」の方が学校はよい方向に進みます。

生徒を指導する際の「説得と納得」

　教員が生徒を指導する際に意識したいのが「説得と納得」の違いです。
　「説得」とは，自分の考えやわかってほしいことを相手に理解させる働きかけを指します。
　「納得」とは，他の人の考えや行動を理解し，もっともであると認めることを指します。相手が言っていることを理解するだけでなく，自分自身の中でも考えて受け入れている状況です。同じ意味の言葉に「合点がいく」や「腑に落ちる」があります。
　生徒指導で大切なことは，後者の「納得」だと考えます。
　生徒を指導した際，生徒が「頭ではわかっているけれど…」と言う場合，納得はしておらず腑に落ちていません。それは説得であり，厳しい言い方をすると，「あなたのためを思って」という教員のエゴです。納得がなければ，生徒は再び同じミスを繰り返します。
　納得させるために大切なことは，対話を重視するということです。「なぜその失敗をしたのか」「なぜその行動を取ったのか」など，「なぜ」という視点で物事を掘り下げていくことが大切です。ただし，**そこに怒りは無用**です。怒鳴る指導は必要ありません。単純に「なぜ」と考えていけば，どうすればよかったか最善の方法を一緒に考えることができます。
　すべての教職員が生徒の納得感に焦点を当てて指導をしていくことで，これもまた一貫した指導とすることができます。そうして「あの先生は怒らないけど，この先生は怒るから…」のように生徒が考えることもなくなり，徐々に問題行動は減少していきます。

一貫した指導のために各教員が生徒の前で話す台本をつくろう。
対話を重視し，生徒の納得感を大切にしよう。

第2章　悩まない生徒指導　039

16 「原則と例外」に迷わないために，2つの視点を押さえる

生徒指導主事が頭を悩ませる大きなポイントが，「原則と例外」。いざというときに判断に迷わないよう，重要な2つの視点を押さえておきたい。

　生徒指導主事をしていて悩む大きなポイントの1つが，「原則と例外」です。年度はじめに「この場合はこうしよう」と様々な場合を想定し，決め事をつくっても，実際にはその原則からはみ出てしまう場合があるものです。原則からはみ出てしまうものが例外ですが，例外的な事象が起こったときには生徒指導主事に同僚から判断を求められたり，管理職から相談されたりします。例外ですから，前例は基本的にありません（もし前例があれば，それに準じた対応を取ることが一貫した指導になり，生徒や保護者にも説明責任を果たせます）。

　そういった判断を迫られたとき，押さえるべき視点が2つあります。

持続可能性

　1つ目は「持続可能性」，つまり「生徒指導主事を他の人に替わったとしても持続可能な対応かどうか」という視点です。私が今まで見てきた生徒指導主事の中には，その人のカリスマ性を背景に，その人だからできる例外的な対応をしている方がいました。これを行ってしまうと後任の生徒指導主事は不憫です。**生徒指導主事には，生徒をよい方向へ導く傍ら，後任の生徒指導主事の畑を耕しておく義務もあります**。その場だけをうまく凌ぐ生徒指導ではなく，今もこれから後も大切にできる指導を心がけましょう。

合理的配慮

　2つ目は，「合理的配慮」という視点です。

　合理的配慮は，2006年に国連で採択された，障害者権利条約の条文で盛り込まれた考え方で，昨今では教育現場でもよく聞かれる言葉になりました。意味としては，障害のある人が日常生活や社会生活を送るうえで困難さを軽減するために，周囲からのサポートや環境の調整を行うことを指します。

　もしも，**ある例外的な生徒指導が環境の調整によって行われる場合，同じような場面に遭遇したとき，きっと救われる生徒がいるはず**です。例えば，ひと昔前は認められていなかった女子のスラックスも，最近では導入する学校が増えてきました。私が勤務している学校でも導入されましたが，女子生徒でスラックスを着用する生徒は各学年に存在します。導入する前はトイレの問題や夏服の課題などいろいろな懸案事項がありましたが，それらも一つひとつ解決されました。

　私自身も，様々な提案をする際，変化することへの不安がないかというとそうではありません。むしろ前例踏襲の方が悩むことは少ないですし，指導は楽です。しかし，時代の変化などによって，原則だけでは対応しきれないことも出てくるもので，例外的な対応を恐れてはならないときもあります。だからこそ，柔軟に対応できるように，同僚と上記2つの視点を共有しつつ力を合わせて行動に移していきましょう。

後任の生徒指導主事が困るような例外的な対応は避け，合理的配慮の視点で検討しよう。変化すること自体は恐れず，同僚と一緒に課題を乗り越えていこう。

第2章　悩まない生徒指導　041

17 若さを武器に変える

> 若くして生徒指導主事になると、それに伴っていろいろな悩みが出てくるもの。しかし、若さを武器に変えることで、ベテランの方々とは違った生徒指導ができる側面もある。

　私が教員になったばかりのころは、生徒指導主事といえば、年齢的には40歳から50歳手前くらい、つまりベテランの方が務めていました。そのときの印象は、まさに「最後の砦」です。当時の飲み会の席でも、先輩から「生徒指導主事を動かしたら負けだ。まずは俺たちでなんとかしないと」なんて声を何度もかけられました。そのくらい"重鎮感"が強かったと記憶しています。

若さゆえの悩み

　今はどうでしょうか。私がはじめて生徒指導主事になったのは、28歳のときでした。そして、出張で他の学校の生徒指導主事の方々と顔を合わせていると、年々若くなっている様子が感じられます。そもそも28歳に任せてよい職務なのかという疑問が残りますが、この本を読んでくださっている方も、20～30代というかなり若い方々が多いのではないでしょうか。

　若さゆえに経験が浅く、発言にも重みがない。私はいつもそのことで悩んでいました。しかし、あるとき、50代の女性の先生に言われたことが、今でも心の支えになっています。

　「あなたが生徒指導主事になったらいいなと思っていたのよ。生徒指導主事ってなんかえらそうで怖いじゃない？　だから、私は今まで苦手だったん

だよね。あなたにはそれがないから，これからもあなたについていくわ。若いのにみんなに気を配ってえらいわね」

　これは，私が夜遅くまで仕事をしていて，なかなか仕事がうまくいかずに自信をなくしていたときにかけられた言葉です。この言葉と一緒に小さなお菓子をもらったことを覚えています。

　これが，私が「若くてもみんなの役に立つことができている」と自覚した瞬間でした。同僚とのコミュニケーションのヒントをその先生からいただいて以来，職員室の机の中には私も小さなお菓子を常備しています。自身の経験から，お茶やお菓子があった方が，相手も心を開きやすいことがわかったのです。

ベテランとは違う武器を探す

　若さゆえの悩みは，フットワークの軽さ，声のかけやすさ，謙虚さの3つでカバーしていくことが重要です。

　20～30代の生徒指導主事が"重鎮感"を出そうとしても，年相応でないので，滑稽にさえ見えてしまいます。まずは，真っ先に動くことを心がけ，経験が浅い先生には親身になって寄り添うようにしましょう。

　また，若いというのは，生徒の思いや考えを，生徒に近い感覚で聞くことができるというメリットもあります。

　このように，若さを武器に変えて取り組む姿勢が重要です。

若手の生徒指導主事にとって，フットワークの軽さと声のかけやすさは大きな武器になる。同僚の相談には親身になって寄り添い，経験の少なさは謙虚さでカバーしよう。

18 スモールステップで理想の生徒像に迫る

> 理想の生徒像はあるものの,できないところばかりに目が行ってしまい,なかなか生徒のよさを伸ばせない。そうならないために,理想と現実の差を常に意識して行動したい。

生徒指導主事であればだれでも,「このような生徒を育てたい」という理想があるのではないでしょうか。

一方で,自分の理想とするレベルまで達する道筋が見えてこないという悩みもよく聞きます。

理想の生徒像

ここで,理想の生徒像の例(イメージ)について,整理してみたいと思います。

①**学習意欲が高い**
　積極的に学ぼうとし,探究心をもっている生徒は,成長に向けて努力します。
②**協調性がある**
　クラスの友人や教員と協力し,良好な人間関係を築くことができる生徒は,学習能力の向上も見込めます。
③**自己管理能力がある**
　課題を適切に管理し,時間を効率的に使える生徒は,自己成長に向けて進歩します。

④**好奇心が旺盛である**
　知識を追究し，新しいことに挑戦する姿勢をもつ生徒は，探求心があると言えます。
⑤**教員とのコミュニケーションが円滑である**
　質問をすることをためらわず，教員と対話できる生徒は学習環境を活性化させます。

　以上をすべて満たすことを目指したいところですが，現実はそう甘くありません。

スモールステップで理想と現実の差を埋めていく

　理想を10として，現実の数値がいくつであるかを数値化し，1年後の生徒がどれほど成長できたのか12～3月に検証しましょう。指導にあたっては，**一気にすべての項目で成果を上げようとせず，月ごとに強化月間として対策を打っていくことが大切**です。今月は何を重点的に伸ばしていくのかを生徒指導部会で話し合うことで，教職員間の共通理解を図ることができます。
　上の理想の生徒像はあくまでも例なので，自分の勤めている学校の実態に合わせて，教職員から意見を吸い上げて決めましょう。生徒指導主事自身のアイデアが必要なこともありますが，**一番大切なのは，まわりの教職員を生かすこと，力を貸してもらえる体制をつくること**です。「三人寄れば文殊の知恵」という言葉もあるように，悩まない生徒指導をするために，スモールステップとまわりの教職員との協力体制を強固にしておきましょう。

理想の生徒像は，教職員と協力して描き，スモールステップで迫っていこう。同僚とのコミュニケーションを大切に。

第2章　悩まない生徒指導　045

19 指導が実を結ぶ時期に とらわれ過ぎない

> 指導をしたらすぐに行動が改善されてほしい。その気持ちはよくわかるが、生徒指導は結果がすぐに出ることばかりではない。時には、気長に待つことも大切。

　生徒指導主事だけでなく、教員が悩みがちなのが「指導が実を結ぶ時期」です。生徒指導の中にも、すぐに生徒の行動が改善されてよい方向へと導くことができた、という即効性のものはあります。しかし、数か月、もしくは数年後にようやく実を結ぶことが多いというのが実態です。

指導がいつ実を結ぶかはわからない

　私が若いとき、ある女子生徒を指導したことがありました。
　どれだけ正しい指導をしたとしても、思春期の女子生徒を納得させられるものではありませんでした。その生徒指導以来、女子生徒は私に心を開かず、会話もせず、目も合わせず、とうとう2年が経ちました。
　ただし、この2年間でその女子生徒を指導するようなことは何1つ起こりませんでした。したがって、傍から見ると、私の指導がすべてうまくいき、生徒の行動が改善されたように映っていたかもしれません。
　そして、卒業式のとき、その女子生徒から手紙をもらいました。そこには、「今まで反抗的な態度、そっけない態度をとってすみませんでした。あのとき、先生に指導されてから私は変わろうと努力しました。ただ、なんとなく気まずくて先生にはああいう態度をとっていました。卒業してからは普通に接させてください。先生が担任でよかったです」と書いてありました。

指導してから気まずい雰囲気が常に流れていた２年間に，やはりその女子生徒は変わろうと努力していたのです。一方，そのような女子生徒の心の内を知る由もない私は，毎日を胃がキリキリする思いで過ごしていました。卒業式という最後の最後のタイミングで手紙をもらい，ようやく心が軽くなったことをよく覚えています。

　いずれにしても，生徒指導というものは「旬」を逃してはいけません。その指導が実を結ぶときが来るのかさえわからず，「あのときの指導は，あれでよかったのかな…」と悩むとしても，**正しいと思うことを適切なタイミングで伝えていくことは大切**です。

生徒との関係で悩む同僚をサポートする

　上の例と同様に，指導をしたはよいものの，その後の生徒との関係に悩んでいる同僚が，生徒指導主事であるあなたのまわりにもいないでしょうか。そうしたら，その同僚の思いを汲み取ってあげましょう。そして，その同僚と生徒がうまくいくように手を貸してあげましょう。

　その際に有効なのが，**「○○先生があなたの…な行動を感心してほめていたよ」と生徒指導主事が間接的に生徒に伝える方法**です。第三者を通して間接的にほめられる方がよりうれしく感じることがあると言われています。これを「ウィンザー効果」といい，教育現場ではとても有効な手法です。

　同僚が気持ちよく働ける手助けをすることも生徒指導主事の仕事だと思いましょう。そうすることで，支えられた同僚もより効果の高い生徒指導ができるはずです。

旬を逃さずに言うべきことは言う姿勢を貫こう。指導からの変化は気長に待ちたい。悩んでいる先生のサポートも忘れずに。

第２章　悩まない生徒指導　047

20 生徒指導のビジョンを全教職員と共有する

年度はじめに生徒指導主事として職員会議で話す場面が設けられる。このとき，1年間，生徒指導主事としてどんなことに重きを置きたいか，生徒指導のビジョンを共有することが重要。

生徒指導主事を務めるということは，「あなたにしかできない生徒指導がある」という管理職からの期待が少なからずあると思います。その期待に応えようと前年度の課題を洗い出し，「今年は〇〇をやろう」と意気込む人も多いのではないでしょうか。

しかし，気をつけなければならないことがあります。それは**「生徒指導は1人で取り組むものではない」**ということです。全教職員の共通理解や共通行動があるからこそ，指導に一貫性が生まれ，生徒の信頼も勝ち取ることができます。そのために必要なことが，ビジョンの共有です。

あなたが思い描く理想の生徒，理想の生徒指導のビジョンを共有し，自分の分身を増やすように努めましょう。ビジョンという目指す理想像があるからこそ，ミッション（なぜそれをやるのか，やらねばならぬのか）という部分で共通理解，共通行動が取れるようになります。ここでは，ビジョンの「はじめ」「なか」「おわり」の3点で意識したいことをあげます。

ビジョンの「はじめ」

私は，年度はじめの職員会議で，必ずビジョンを大きな紙に書いて共有します。そのビジョンは毎年変更していくため，前年度から共に働く教員も「今年は何だろう？」と興味をもって聞いてくれます。**異動してきたばかり**

の教員もイメージがわきやすいというメリットがあります。大きな紙に書いて「これを見てください」と言うだけで，職員会議資料に落ちていた目線が上がり，全体での確認につながります。

ビジョンの「なか」

新年度がスタートしてしまうと，目まぐるしく日々の業務に追われます。学校目標や学年目標，クラス目標をそらんじて言える教員はどれだけいるでしょうか。私がはじめて生徒指導主事になったとき，「理想は常に追い求めようと心がけていなさい。さもないと，いつの間にか『そんなものもあったね』という形だけのお題目になってしまう」と研修の際に指導を受けたことがあります。そこで，定期的な生徒指導部会がある場合は，年度はじめのビジョンに触れる機会をもちましょう。生徒指導の部会だよりを発行して学年や学校で共有している場合は，**そのビジョンにどれだけ近づいているかを明記するとよい**でしょう。その小さな心がけが教員間のズレを最小限に抑えることにつながります。

ビジョンの「おわり」

3学期はまとめの学期です。1，2学期を通して，生徒にどのような変容が見られたか，学校が年度はじめのビジョンに近づいたかを確認する機会をもちましょう。また，**「現状維持は後退である」**と捉え，来年度のビジョンを生徒指導部会の構成メンバーで考えましょう。

1人の力はたかが知れているから全体で動く意識を。生徒指導のビジョンを共有し，教職員が共通理解，共通行動が取れるようにする。

第2章　悩まない生徒指導　049

21 長期休業中の注意事項を合言葉で伝える

長期休業前に全校生徒の前で生徒指導主事が話す場面があります。そこでの話を生徒に定着させるために，避難訓練同様，合言葉で伝えることは有効です。

　社会の「なくようぐいす平安京」や数学のルート2の値「一夜一夜に人見頃」など，合言葉（語呂合わせ）というものはずっと覚えておくことができます。長期休業前になると，生徒指導主事から全校生徒に休み中の注意事項を話す機会がある学校も多いと思います。夏休み，冬休み，春休みの3回話すことを考えると，何かしら生徒に合言葉として覚えさせたいものです。避難訓練の時期になると「おかしもち（押さない，駆けない，しゃべらない，戻らない，近寄らない）」という合言葉があり，これは多くの生徒に定着しています。

合言葉「おやじがねた」

　ここでは，長期休業前に覚えさせたい「おやじがねた」という合言葉を紹介します。「お金に注意」「薬物（たばこ，お酒）に注意」「事故に注意」「外泊に注意」「ネットトラブルに注意」「大切な時間を有効に」のそれぞれの頭文字をとって，「おやじがねた」という合言葉にしています。どの言葉も長期休業前に配るプリントに書かれているような重要項目です。しかし，プリントを配って逐一細かく説明しても，その内容をきちんと理解し，覚えている生徒はごく少数です。**重要な内容だからこそ，強く印象づけ，「この内容を守れているか？」とすぐに振り返れるようにしておくことが大切**です。

生徒指導の話に変化を

　生徒指導の話は，生徒目線で考えると「またか→長い→聞かなくていいや」，教員目線で考えると「紙を配る→振り返らない→担任によって指導がばらつく」と，それぞれに課題があります。そんな話だからこそ，短く，時に合言葉を使って，全体でも声に出して言わせてみます。こうすると，何より生徒が覚えやすいですし，担任にも指導のポイントを押さえやすいというメリットがあります。実際，先の合言葉を取り入れた年度に，生徒に生徒指導の話について確認したところ，終業式後にも内容を覚えている生徒が多く，指導した担任からも明確でわかりやすいという回答が得られました。長期休業後に確認してみても，多くの生徒がこの合言葉を覚えていました。全校や学級で声をそろえて言いやすいことも，生徒に定着しやすくなっている要因と考えられます。

　伝える内容だけでなく，**伝え方を工夫することも大切になる**ことを覚えておきましょう。

生徒が覚えやすい合言葉を考えよう。全体でその合言葉を復唱したりすることで，各担任も振り返りのポイントを容易につかめる。

22 男性的視点だけではなく，女性的視点も取り入れる

中学校の生徒指導主事は，圧倒的に男性教員が多い。だからこそ，考え方や生徒への接し方に女性的視点を取り入れることで，今までの生徒指導にはなかった対応ができるようになる。

研修等で地域の生徒指導主事が集まっても女性の先生はほんのわずか，というくらい，中学校の生徒指導主事というと，男性のイメージが強いです。

今の時代は，指導のスタイルについても男女差をことさら強調するのは控えるべきですが，それでも男性教員の考え方や対応は，総じて優しさよりも厳しさの方が先行する場面が多く見られる印象があります。学校現場にいると「ガツンと言わなきゃ」や「シメる」などのワードが聞こえてきませんか。そして，そういった言葉を使用している教員は，大抵男性です。**どこか生徒を下に見ているような言葉ばかりで，そこに温かさは感じられません。**

「強く言ってもわからない」

かくいう私も，生徒指導主事になりたてのころは，このような発言をしていたと思いますし，「自分が何とかしないと…」と，どうしても声を荒げがちでしたが，近年は声を荒げるような指導は行っていません。

転機は，私が小中合同の生徒指導の研修に参加したときでした。

グループワークをした際，同じグループになった先生方が女性の先生ばかりのときがありました。私はそのときの話し合いの中で，厳しめの指導を重点に対策を提案していきましたが，女性の先生方はそうではありませんでした。指導する場所から，声かけの言葉，保護者対応まで，当時は「ちょっと

回りくどくない…？」とさえ感じましたが，**すごく丁寧で温かい対応**でした。そのときに「言ってもわからない生徒を叩いてもわからない。言ってもわからない生徒に強く言ってもわからない」とある女性の先生から言われたことを今でも鮮明に覚えています。もちろん体罰はダメですが，「強く言ってもわからない」という言葉は衝撃的でした。

生徒を捉える視点を変えていく

生徒指導では，次の４つのことが重要だと言われています。
①自己存在感の感受　　　②共感的な人間関係の育成
③自己決定の場の提供　　④安全・安心の風土の醸成

生徒の存在を認め，生徒の考えに共感し，生徒がどうしたいか決定権を与え，いつも安心で安全な場所を提供する。生徒指導主事であれば，これらが重要であることを頭で理解することは容易ですが，実践していくとなると，小さな子を包み込む母親のような温かさが必要です。そして，実際にそのような温かさを意識することができれば，次のように，生徒を捉える視点も自然に変わっていくはずです。

強い叱責も時には必要	→ 強く言ってもわからない
同じ失敗を繰り返すのはダメだ	→ 人は失敗して成長するもの
あいつはああいうヤツだ	→ あの子はこんな一面ももっている
罰を与えて反省させよう	→ 諭して内省を促そう

強く言ったら生徒はわかるという考え方は間違い。男性が多い生徒指導主事だからこそ，女性の先生から学ぶことは多い。

第3章
自信がもてる生徒指導

23 人生経験を補うために，まずやってみる

経験の少なさ，若さゆえに自信をもって生徒指導を行えないことがある。確かに，人生経験が多ければ多いほど，生徒や保護者の前で堂々と語ることはできる。

　この本を読んでいる先生方は，若手でまだ人生経験が乏しい方が多いのではないかと推察します。私自身，はじめて生徒指導主事になったのは20代ですから，「人生経験が少ないのに」と保護者から軽く見られた経験は一度や二度ではありません。そのたびに自分の人生経験の少なさを呪いました。

　年をとるにつれて，だれもがそれなりに人生経験を積んでいくことになるわけですが，若くしても人生経験を補うことはできます。まずは失敗を恐れずに何事にもチャレンジしましょう。

フットワーク軽く保護者と交流する

　中学校には，「親父の会」など保護者の方と共同で何かをやる場があると思います。バザーでも資源回収でも，その後の飲み会でも，どんどん参加して顔を覚えてもらいましょう。**知らない先生には強く出ても，いつも協力してくれる先生には強く言い難いというのが保護者の本音**です。保護者と良好な関係を築いておくことは，家庭に協力をお願いする場面が多いという生徒指導の特徴から考えてもとても有効です。

生徒指導の研修会に参加する

年度はじめに，生徒指導や教育相談の中級カウンセリング研修会の募集があると思います。そういったものに関心をもち，積極的に参加するように心がけましょう。他校の事例を学ぶことで，自校で同じようなことが起きたときの対応の初速が違ってきます。**「若いのに意外と動けるのね」と先輩の先生方の信頼を勝ち取ることも，経験の浅い生徒指導主事にはとても重要**です。また，他校での成功例，失敗例はともにとても参考になります。自分の勤務校で同様のことが起こってしまったら…と，様々な対策を事前に考えることができます。生徒指導の事象は多岐にわたるので，生徒指導の研修会に参加し，他校の事例を積極的に学び，自校の万が一に備える姿勢が大切です。

とりあえず3か月やってみる

　3か月みっちり何かをやれば，それなりに話ができるようになります。自分に合うかどうかは別として，1年間に4つの新しいことを始めるとなると，様々な人とコミュニケーションを取ることになります。私にもいくつかの趣味がありますが，長続きしたものもあれば，そこまでハマらなかったものもあります。しかし，3か月続ければそのものの難しさや楽しさなどは多少なりとも理解できるようになります。また，その趣味のおかげで生徒や保護者，同僚と良好なコミュニケーションを取ることができるケースもあります。

　私の好きな言葉に**「向き不向きより前向き」**というものがあります。まずは何かやってみようと挑戦する気持ちを大切にしましょう。そうすれば，まわりの若手よりもずっと速く人生経験を積むことができると思います。

フットワークを軽くして，保護者と交流しよう。生徒指導等の研修会も，経験不足を補う絶好の機会。何事も3か月はやってみよう。

第3章　自信がもてる生徒指導　057

24 保護者対応を3つの場面に分けて、共通行動が取れるようにする

CHECK! 保護者対応は、一歩間違えると取り返しのつかないことになりかねない。3つの場面それぞれに適した対応が求められる。

　家庭からの要求は、手紙、電話、来校の3種類に分けられます。それぞれについて対応の仕方を細かく決め、共有しておく必要があります。

手紙の場合

　手紙をもらった時点でコピーを3部とります。1部は管理職用に、1部は学年主任用に、1部は担任の書き込み用にして、原本はすぐに保管します。
　手紙は、電話や来校と比べると、比較的時間をかけて対応の準備をすることができます。その保護者の要求は何なのか、何種類あるのか、いつまでに対応すればよいのかということをまとめるようにしましょう。

電話の場合

　電話は、かかってきた時点で不利な状況だということを認識しましょう。まずは、要望、用件を聞き、その日の放課後に電話をこちらからかけ直すことを徹底しましょう。「すぐに確認して折り返します」という言葉は時に悪手になりかねません。なぜなら、この**"すぐに"という言葉は保護者にとってほんの数分であることが多い**からです。しかし、**早く対応することよりも丁寧に対応することの方が大切**です。電話をかけ直すことが決まったら、手紙同様の丁寧な対応を心がけましょう。また、手紙の場合よりも早急に対応

してほしいという思いを感じられる場合は，家庭訪問をすることも念頭に入れて対応を考えましょう。「わざわざ家に来てくれた」と感じてもらえるだけで，その後の話し合いが円滑に進むことも少なくありません。

来校の場合

　来校は，多くの場合，家庭の怒りのボルテージがすでに上がっています。担任，学年主任，生徒指導主事の少なくとも3人での対応を心がけましょう。**1人は進行役，1人は記録役，1人は職員室への連絡役と，役割を分担することが大切**です。対応する教員の性別もバランスがよいのが理想です。

　父親が来校された場合，玄関で名刺を渡します。私も何度も経験しましたが，この名刺を渡すタイミングが重要です。ほとんどの場合，父親は名刺を持って来ていません。最初のあいさつを交わしてすぐ行うことで，その父親がビジネスマンとしてのマナーを兼ね備えている方かどうかがわかります。父親が名刺を持って来ている場合は論理的な対応をし，名刺を持って来ていない場合は感情を鎮める，プライドを立てるような対応を心がけるようにしています。

　母親が来校された場合，基本的に共感ベースで話し合いを進めます。名刺を渡すタイミングは，話し合いが終わり，母親が帰るタイミングです。「もし何かあったらいつでも連絡してください」と言葉を添え，名刺を渡します。いつでも学校は協力的な対応をするという姿勢を見せることで保護者は安心して帰られます。

手紙，電話，来校それぞれの場合の対応の仕方を細かく決め，教員間で共通行動が取れるように準備しておこう。来校時の対応は，名刺を渡すタイミング1つにも注意が必要。

第3章　自信がもてる生徒指導　059

25 生徒と信頼関係を築くための サポート，システム提案を行う

生徒指導を行うにあたっては，当然生徒との信頼関係に重きを置くべき。その信頼関係は一朝一夕で築かれるものではないので，生徒にうまく関わる必要がある。

　生徒指導で一番何が大切かと聞かれたら，間違いなく「生徒との信頼関係づくり」と答えます。そして，その信頼関係を築くことが最も難しいことだと思います。**生徒指導が大きな問題として発展する背景には，生徒と教員の信頼関係の薄さが必ずと言っていいほど存在します**。生徒指導が大きな問題として発展する前に，すべての教員が生徒と信頼関係を構築できるように生徒指導主事がサポートしたり，システムを提案したりしましょう。

生徒の誕生日を祝う

　一見，生徒指導となんら関係なさそうですが，誕生日というのはだれにとっても特別な日です。その特別な日を「おめでとう」と祝ってくれる人はだれでも大切にしようと思います。生徒指導がうまくいっていない担任ほどそういったことに無頓着な傾向があるので，**「今日は○○さんの誕生日ですよ」と教えてあげることで，その担任と生徒との間に温かいコミュニケーションが生まれるようにします**。年度はじめに生徒名簿を誕生日順に並べ替えておきます。全校生徒が450人（学年4クラス）程度であれば，ほぼ毎日がだれかの誕生日です。毎日だれかの大切な日を祝おうという気持ちでいるからこそ，小さな問題にも気がつきやすくなります。

学級会を短時間で定期的に行う

　私の学級では，学級会を大切にしています。自分の意見が尊重される経験を積ませることは，積極的な生徒指導の１つです。生徒は，年齢を重ねれば重ねるほど，我慢を強いられ，自分の個性を出しにくくなります。しかし，心の中では「こうしたい」という思いが渦巻いており，その反動が問題として表出することが少なくありません。そういう「こうしたい」の思いをうまく拾い上げられるのが学級会だと思います。年間行事予定がびっしりの中，学級会をやることは時間的に難しいという意見もわかります。ポイントは**短時間で準備，短時間で学級会，短時間で振り返り**です。準備はランチミーティングという形で給食中に行います。事前に議題を設定して，昼休みまでにICTで集計するというやり方もあります。学級会自体を昼休みに短時間で行うことも考えられます。振り返りも各自の情報端末で行えば，時間短縮につながります。

生徒会主催行事に参加する

　1968年に提唱された「ザイオンス効果」は，単純接触効果とも言われ，人は繰り返し接すると印象がよくなるという効果のことです。この効果を踏まえると，**ボランティア活動やあいさつ運動など生徒会が主催している行事には積極的に参加することが有効**です。何度も行事に参加することで，生徒からいろいろな情報を得ることができます。その情報の中には日頃は見えにくい生徒の不安や不満などもあります。

生徒指導主事自身が生徒と信頼関係を築くことはもちろん，生徒指導がうまくいっていない教員のサポートにも注力しよう。

第3章　自信がもてる生徒指導　061

26 小学校と連携して，学力向上を図る

望ましい生徒指導を進めていくために学校全体で取り組むべき課題が「学力向上」。小学校からの継続的な取組を提案し，落ち着いた学校を目指したい。

　私が以前勤めていた学校はすごく荒れていました。
　何に力を入れればその荒れが解決するのかということを常に考えていました。そして，生徒指導部会で話し合う中で１つの結論に達しました。
　それが「学力向上」です。
　県や国の学力テストでは，いつも平均点よりはるか下という結果で，それが自信のなさにつながり，問題行動へと発展しているのではないかと考えました。**学力向上なくして，生徒指導の課題は解決できません。**そして，**中学校における学力向上には，小学校との連携が必要不可欠**です。

９年間を見通した「家庭学習の手引き」を作成する

　現在，どれくらいの中学校が小学校と連携しているでしょうか。私の中学校では，９年間を見通した「家庭学習の手引き」を小学校の先生方と連携して作成しました。内容は，家庭学習の効果やポイント，家庭学習のレベル表，家庭学習を始めるまでの準備，教科別家庭学習のヒント，親子でつくる家庭学習表，週間計画表，毎日のスケジュール表，家庭学習ノートの例など全50ページにわたる内容の冊子をつくりました。その中には，トピック等で家庭にも考えてもらう教育のヒントを掲載しました。小学校の自学ノートのような形で「家庭学習ノート」を全校生徒に用意し，毎日机に向かう習慣をつけ

させました。

子ども同士が関わる機会を設ける

　また，夏休みに中学生が小学生の宿題のお手伝いをする「学習ボランティア」を企画し，小学校段階から学ぶ意欲を高めようと試みました。中学生も小学生にわかってもらうために教え方を工夫することで，説明力が磨かれていきました。その結果，国語の作文や数学の説明，証明などの分野で大幅な学力向上が見られました。

　さらに，学習机と学力の相関関係やスマホの利用時間と学力の相関関係などを調べ，保護者会や学校からの通知において提示し，家庭学習に向けた啓発活動を行いました。

学力向上が生徒指導の課題解決を促す

　時間はかかりましたが，全国，県ともに平均まで全然達していなかった学力はどんどん伸び，全国平均を大きく上回るまでになりました。数年後には，県内の教員が視察に来ることもありました。

　そして，学力向上の「副産物」として，生徒指導部会を悩ませていた問題行動は徐々に減り，不登校の人数も激減しました。学びに向かう姿勢を向上させ，学校内外の学習環境を整えることで，落ち着いた生徒を育てていきましょう。

小学校と連携した学力向上のための取組を模索しよう。小学校からの学びの習慣の継続は非常に重要。保護者への啓発活動も行い，家庭学習の充実も図ろう。

27 指導の線引きを生徒に示し，ポイントを押さえて叱る

生徒指導を行うとき，どんな指導をしていけば生徒によい影響を与えるのだろうか。叱るポイントを押さえることで，生徒の心に響く指導を心がけたい。

「愛がなければ叱れない」

私が尊敬する先生の教室に貼られていた言葉です。

その先生は，「ダメなことはダメ」ときちんと指導できる教員でした。

毅然とした態度で対応する。これは，生徒指導の基本ですが，意外とできていない教員もいます。

線引きを生徒に示す

毅然とした態度で対応するためには，**「どこで線引きをしているのか」をきちんと生徒に示すことが重要**です。さもないと，「あのときはよかったのに今回はダメなの？」「あの子はよくて私はダメなの？」と生徒の不平不満がたまってしまいます。不平不満がたまると，正しい指導をしても曲解されてしまうことがあるので，線引きを示すことは本当に重要です。

叱り方のポイントを押さえる

「昔よりも生徒指導が難しい」という声を研修などでよく聞きます。「叱っても前ほど響かない」「親が怖くて何も言えない」なんて声もちらほら聞こえてきます。まず，感情的に怒ることと毅然として叱ることは違います。毅

然として叱るには，以下のようなポイントを押さえておく必要があります。

①行為を叱る
②短く叱る
③皆の前で叱らない
④以前のことや他者を引き合いに出さない
⑤行動の背景にある生徒の思いには共感を示す

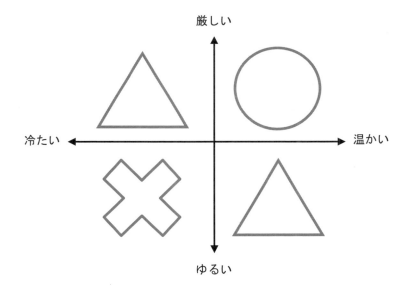

望ましい生徒指導とは上図の○がついているところです。**厳し過ぎるのも，ゆる過ぎるのも望ましくない**ことを忘れてはなりません。

 毅然とした態度で対応するために，指導の線引きを明確に示し，叱り方のポイントを押さえよう。厳しくも温かい指導を心がけよう。

第3章　自信がもてる生徒指導　065

28 生徒に期待する行動を端的に言語化する

生徒をよりよく育てたいという願いをもって生徒指導にあたる教員は多い。他方で，どう行動すればよいのかも具体化して生徒に示す必要がある。

　生徒指導主事として生徒の前に立って話をするとき，「４Ｓ（スイッチ，スピード，スマート，スマイル）」を合言葉にしてきました。

　全体の場でも学級の場でも，切り替えを瞬時に行い（スイッチ），早く動き（スピード），賢くかっこよく行動し（スマート），最後には笑顔（スマイル）。こういうふうに動けるようになってほしいと常日頃から話しています。このように，生徒に期待する行動を言語化することが，生徒指導においては重要です。前の代がすごく立派であれば，理想とする生徒像をはっきり描くことができますが，多くの場合そうではありません。そのような場合には，**生徒指導主事が，具体的な行動レベルで，理想とする，期待する生徒のイメージを示していかなければなりません**。

スイッチ

　私は４Ｓについて，順番も含めて意識するよう生徒に伝えています。

　まずは切り替えの早さです。何かをやろうとするとき，生徒指導が大変な学校ほど切り替えが遅くダラダラと動き始めます。そして，その後決まって「早く切り替えろ！」などと教員の怒号が飛びます。全体がダラダラと動き出してしまったら手遅れです。**事前にスイッチの話をしておくことで，切り替えの早さが変わってきます**。

スピード

　次にスピードです。**同じ質なのであればスピードが速ければ速いほど優秀**だと話をします。例えば，避難訓練では，走らない，しゃべらないなどの一定のルールのもと，いかに安全に早く避難できるかタイムを計っている学校もあると思います。日頃の集会などではタイムは計りませんが，避難訓練と同じようにスピード感を大切にするよう指導しています。

スマート

　スマートは，集団が賢くかっこよく見えることだと話しています。学級を比べたとき，行動は同じでもどことなく格好いい，悪いということがあります。中学校では「ただこなせばいい」という姿勢の生徒もちらほら出てきます。この指導を常日頃からしておけば，卒業式のときの態度なども，卒業生だけでなく在校生まで自然に考えるようになり，むだな指導が激減します。

スマイル

　最後はスマイルです。前の３つのＳを意識すると，実質的な生徒の活動時間がかなり増え，やらされる活動から自分たちから気づく活動に変わるので，自然に笑顔が増えるというわけです。また，スイッチでほめ，スピードでほめ，スマートでほめ，と生徒をほめる場面が多くなります。叱られる回数よりほめられる回数が多い方が笑顔が増えることは言うまでもありません。

４Ｓのように，具体的な行動レベルで，期待する姿を生徒に示していこう。

29 特別活動と連携して アイスブレイクの活動を行う

信頼関係を構築する，高めるには，心をほぐすことが必要。特別活動と連携して，教員と生徒，生徒と生徒が心を通じ合わせる機会をつくりたい。

　円滑に生徒指導を行うためには，教員と生徒，生徒と生徒の信頼関係が重要ですが，その信頼関係を構築する１つの方法として，特別活動との連携があげられます。そして，特別活動の中でも，アイスブレイクの活動を取り入れてみることをおすすめします。
　ここでは，２つの活動を紹介します。

バースデーチェーン

　１つ目の「バースデーチェーン」は，身振り手振りだけで誕生日順に並び１つの円を完成させる活動であり，年度はじめの４月に各学級で行うことが多い活動です。
　これを体育館において学年全体で行います。当然別の学級の生徒が隣に来ることもあります。そして，「あなたとその友だちは，ほぼ同じ日に生まれました。そんな縁の深い友だちに自慢されるような人に成長してください。では，その友だちに約束してみましょう。『あなたに自慢されるような人物になります』と」と伝えます。
　何かマイナスなことが起こったときには，「あのときの宣言を覚えていますか？」と振り返ることができます。そして，プラスとなるような活動をした際には，「○○さんはこんなに立派な活動をしてくれました」とほめ称え

ることで，バースデーチェーンの近くにいた友だちも触発されやすくなります。

先生からいすを守り抜けゲーム

　これは，下図のように，歩いている教員が1つだけ空いているいすに座ろうとするのを，生徒がみんなで連携して阻止するゲームです。こちらも各学級でもできますが，体育館を利用して学年全体でやると，学年の職員と生徒の絆が深まります。

　学年全体で1つの課題を達成するために力を合わせた経験というのは，その後の活動に大きな影響を与えます。体育祭や合唱祭がその典型です。体育祭や合唱祭は学級や学年がある程度でき上がってから取り組む行事ですが，そこまでに，学年全体で何かをやりきった経験があるかないかの違いは，小さくありません。

　このように，**アイスブレイクの活動を取り入れ，学年や学校全体がまとまる場面を意図的につくる**ことを生徒指導主事として意識していきましょう。

教員と生徒，生徒と生徒の信頼関係構築のために，アイスブレイクの活動を効果的に取り入れよう。

30 攻めと守り，2つの生徒指導を使い分ける

> 生徒指導には，「攻めの生徒指導」と「守りの生徒指導」がある。どちらも並行して実施していき，落ち着いているけれど活気のある学校を目指したい。

　生徒指導には，「攻めの生徒指導」と「守りの生徒指導」の2種類があります。

　「攻めの生徒指導」は，今よりもプラスになることを目指す生徒指導を指します。

　一方，「守りの生徒指導」は，マイナス状況にあるものをゼロに戻す，もしくはゼロからマイナスにならないようにする生徒指導を指します。

攻めの生徒指導

　「攻めの生徒指導」の具体例をこれまでに述べてきたものの中からあげると，生徒の誕生日を祝うことや，特別活動と連携したアイスブレイクの活動があります。

　また，職場体験などの各種体験活動もここに含まれるとみることができます。体験活動（講演会を含む）では，普段の学校生活では得られない経験を，短時間で得ることができます。実際，「あれだけ大変だった生徒が，職場体験を終えた後，言葉づかいなどがとても立派になっていてびっくりした」といった声を聞いたことがありますし，私自身もそのような経験をしてきました。生徒指導主事としては，生徒はたった数時間，数日間でものすごく成長するということを忘れてはなりません。

このように，**外部からの刺激は生徒を成長させやすい要素の１つです。**総合的な学習の時間や特別活動の時間をやりくりして，体験学習，平和学習，講演会などを計画しましょう。

守りの生徒指導

「守りの生徒指導」の具体例としては，保護者対応（電話や来校の対応）や荒れている学校での学力向上の取組などがあげられます。

何か生徒が問題を起こして指導する場合，基本的にそれらは「守りの生徒指導」です。生徒指導といえばこの「守りの指導」をイメージしがちですが，**これはあくまでマイナス状況をゼロに戻しただけであるということを認識しておく必要があります。**そうでなければ「これだけやってきたのに報われない」という誤解が生じます。あくまでゼロに戻しただけなので効果を感じにくいということをわかっておかなければ，どんどん教員が疲弊してしまうことにもなりかねません。

生徒指導主事は，今行っている指導が「攻めの生徒指導」なのか「守りの生徒指導」なのかを意識する習慣をつけるようにしましょう。若手を育てる際にも，この「攻めか守りか」とういう視点は有効です。「守りの生徒指導」は学校を落ち着かせ，「攻めの生徒指導」は学校を活性化させます。しっかり守りを固めつつ，攻めに転じられるときは，機会を逸さずどんどん積極的な生徒指導を行うことが重要です。

生徒指導には「攻め」と「守り」の２つがある。
生徒指導主事はこの２つの指導の違いを常に意識しよう。

第３章　自信がもてる生徒指導　071

31 生徒に声をかける時間帯を意識する

生徒指導を行うにあたって重要になってくるものの1つに，「声をかける時間帯」がある。生徒が心を開きやすい時間帯を把握し，指導の効果を最大化したい。

生徒が心を開きやすい時間帯について場面別に説明していきます。

朝→△

生徒の好きなことなど日常的なコミュニケーションにはよい時間帯ですが，それ以外の指導は避けます。**朝は生徒にとって憂鬱な時間帯の場合もあり，ここで生徒指導をしたことで1日を棒に振るかもしれません**。生徒が心を開きにくい時間帯であることを意識し，早く対応したい気持ちを抑えましょう。

授業中→△

勉強が苦手な生徒は，生徒側から話をしてきやすい時間帯です。一方，授業に重きを置く生徒へのこの時間帯の指導はよくありません。**指導の内容によっては放課後に保護者からクレームの電話が入るときさえあります**。

授業の合間の休み時間→△

次の授業の準備もあるため，話の本質までたどりつかないことが多いです。生徒によっては何回も呼び出されることになり，ストレスを抱えることがあ

ります。**休み時間ごとに主張が二転三転することもあるため注意が必要**です。

給食時間→○

　1対1で話せる場所が確保できるなら，この時間はかなりおすすめです。**食事を摂るために口を動かすので話しやすく，緊張しにくい利点があります**。

昼休み→×

　生徒指導に充てがちな時間帯ですが，**忙しい学校生活を送る生徒にとって，昼休みは精神を安定させる潤滑油的な存在**です。いくら時間が取れるからといっても，相手（生徒）に寄り添う姿勢が重要です。

清掃時間→○

　清掃は面倒で回避したいというのが生徒の真情です。**生徒が乗り気でないことをあえて逆手にとり生徒指導を行うことに合理性があります**。

放課後や部活動中→△

　放課後の急な呼び出しはNGですが，早く帰りたい一心で事実をどんどん話してくれることもあります。**部活動がご褒美的な位置づけの生徒は，それより大切な指導であることを理解させることも重要**です。

同じ指導でも，生徒に声をかける時間帯によってその効果には違いが出てくることを意識し，より効果的な時間帯を選ぼう。

第4章
生徒が変わる生徒指導

32 怒鳴る指導を学校全体で脱却する

学校現場から体罰や怒鳴る指導はなかなかなくならない。生徒指導主事自身がそういった指導を行わないことはもちろん，古い指導を脱却できない同僚とも向き合おう。

　私が生徒指導主事になりたてのころ，学校は教員と生徒の口論の日々が続いていました。何かあれば怒鳴る指導をする教員が多かったですし，私自身も同じような指導をしていました。しかし，怒鳴る指導では生徒の心をつかむことはできません。

怒鳴る指導の問題点

　生徒指導の要諦は，生徒の心をつかむことにあると考えます。
　立場を置き換えたとき，自分を怒鳴る人がいたらどう思うでしょうか。
　その場はうまく取り繕っても，根本は何も変わらないのではないでしょうか。私は怒鳴る人とはあまりつき合いたくありませんし，そんな人に心を開くことはありません。
　生徒も同じ人間です。怒鳴る指導に対しては，上で書いたように感じる生徒が多いはずです。
　ところが，怒鳴る指導は，一見すると即効性があるように感じます。生徒は委縮し，反省の色を見せます。
　しかし，根本が変わらなければ，再び同じような問題が起こります。その問題に対してさらに怒鳴る指導をしても，効果的ではありません。怒鳴る指導が当たり前になると，生徒も慣れてきてしまい，さらに強い指導が必要に

なります。

　そして，怒鳴る指導は，最終的に体罰へと発展していく怖さもはらんでいます。「体罰は絶対にダメ」と研修で何回も言われているにもかかわらず，**体罰の問題がいまだに全国に残っているのは，その前の怒鳴る指導に目を向けないから**です。

　同僚が体罰で罰せられると，そのしわ寄せが必ず生徒指導主事のところに来ます。そうならないためにも，**怒鳴る教員と向き合うことも生徒指導主事の仕事**です。「人が変わると態度が変わる」という生徒を生み出さないためにも，すぐにでも怒鳴る指導を止めましょう。同僚に怒鳴る人がいたら，その人と対話の場をもちましょう。

怒りを制御する方法を共有する

　怒鳴る指導から脱却するためには，怒りを数値化，言語化するメタ認知が有効です。1から10までの怒りだとすると，今の怒りはどこまでなのか，何に対して怒っているのか，どうなってほしいのかということを客観的に判断します。まずは自分に矢印を向けることです。その自分に向けた矢印が整理できた後に生徒に声をかけるようにしましょう。決して瞬間湯沸かし器のようにすぐに熱くなってはいけません。心の中で6秒数えるといったアンガーマネジメントも有効です。

　そして，長期で見たときには，記録を取ることが大切です。怒りを感じたときのことを細かくメモしておくと，同じような事象のときに冷静でいられる可能性が高まります。

自身が怒鳴る指導を行わないのはもちろん，怒鳴る指導をしている同僚と対話の場をもち，怒りを制御する方法を共有しよう。

33 生徒の気持ちに寄り添う意識の共通理解を図る

生徒指導を進めるうえで非常に大切になってくるのが，どれだけ生徒のことを理解しているかということ。生徒に寄り添う意識は常にもっておきたい。

生徒指導は，生徒理解があってこそ成り立ちます。

生徒指導のルールは，生徒指導部会や職員会議などで，教員が一方的に生徒によかれと思ってつくったものが大半です。その気持ちが生徒に伝われば問題は起こらないのですが，実際はそうではありません。その生徒指導のルールに息苦しさを覚えてはみ出してしまう生徒がいることも事実です。そのときに，**「ルールだから」と突っぱねることは簡単ですが，生徒に寄り添う感覚は忘れずにもっておきたい**ものです。

生徒に寄り添う姿勢や気持ちを見せる

生徒が何か不満を口にしたときに，「その気持ち，すごくわかる」と生徒の気持ちに寄り添いましょう。

年度はじめに職員会議などで確認したことは，そう簡単には変えることはできません。だからこそ，気持ちに寄り添うのです。「ダメもとで管理職に相談してみるね」「学年でも話し合ってみるね」と声をかけ，実際に行動に移しましょう。そういった生徒に寄り添う姿勢や気持ちは，きっと生徒にも伝わります。

よくしようとする前に気持ちに寄り添う

　生徒指導では，トップダウンの意識より，ボトムアップの意識を強くもつことも大切です。生徒が自分たちの行動の良し悪しを自分たちで判断できるように育てていくことも，生徒指導の役割だからです。

　私の学校では，まっとうな意見であれば，年度途中からでも変更したことがあります。生徒の声を吸い上げ，適宜変更していくのは，何も悪いことではありません。むしろ，生徒にとっては，「自分たちのことを真剣に考えてくれている」とプラスに受け止められることが多いです。

　こういった場合に，あくまでトップダウンを貫き，「ルールだから」と一蹴してしまうと，生徒はどう受け取るでしょうか。少なくとも教員に対して心を開きやすくなるということは考えにくいと思います。そして，心を開いていない状態で生徒指導をしていても，何も響かないということが多々あります。**少なくとも，教員がどういった思いからこのルールを決めたのかを生徒一人ひとりがきちんと理解できるようにすることは大切**です。さらに，「目安箱で提案してはどうかな？」「クラスでも同じ気持ちの人がどれくらいいるかアンケートをとってみようか。そのアンケートをつくるのをお願いしてもいい？」と提案すると，生徒の方もクールダウンしてきて，「まあ，今までやってきたわけだから，このままでがんばります」と姿勢に変化が見られることもあります。

　「生徒をよくしよう」の前に，「生徒の気持ちに寄り添おう」という教員が多くなればなるほど，生徒指導の課題は減り，学校は活気にあふれるようになります。

生徒の気持ちに寄り添う感覚は常にもっておこう。生徒理解の土台の上に生徒指導があることを意識しよう。

34 生徒自身がネットトラブルを防ぐシステムを構築する

最近の生徒指導はネットトラブルに関するものが増えてきた。そして、その解決はとても難しい。生徒の規範意識を高め、ネットトラブルの未然防止に力を入れていきたい。

10年くらい前まで、校内の問題といえば、いじめや暴力行為が多かったのですが、数年前からはネットトラブルが特に多く見受けられるようになってきました。私が勤務する学校でも、大なり小なりネットトラブルが起こるようになりました。

ネットトラブルの対応の難しさ

具体的なネットトラブルは以下のようなものです。
・LINEでのグループ外し
・スマホゲームによる金銭（課金）トラブル
・SNSでの既読無視
・悪ノリの画像や動画の拡散
・なりすまし
・他校とのトラブル

上記はあくまで代表的なトラブルで、ここには書ききれないくらい小さなトラブルはあります。

そして、こういったトラブルの多くは、発見されたときに発生しているわけではなく、すでにかなり過去のことになっているので、対応がとても厄介です。

多くの学校でも似たようなトラブルがあるのではないでしょうか。「問題はない」という学校でも，まだ表面に出てきていないだけかもしれません。

生徒自身が課題に向き合う

先述のようなトラブルの指導には，定時を回って対応することもしばしばあるほど，多くの時間を割いていました。そういった状況を踏まえて，生徒指導主事として生徒指導部会で提案したことは，「生徒の意識を変えて，問題が小さなうちに芽を摘もう」ということでした。

世の中にこれだけ広がっている以上，使い方を誤るケースは必ず出てきます。そのときに，小さな正義が問題の進行を止めることにつながると考えたのです。そして実施した取組が，常駐の「ネットトラブル０委員会」の設置でした。**学級委員会や保健委員会のように常駐の委員会をつくった**のです。

仕事内容は，生徒のスマホやネットの使用状況の把握，課題の認知，情報モラル教室の運営でした。その市ではノーゲームデー，ノースマホデーという取組も行っていたので，それをうまく活用することにもつながりました。

中でも効果があったのは，**生徒が生徒の課題を把握し，生徒の手でつくる情報モラル教室**でした。この委員会ができる前までは，警察署に講師を依頼して行っていたので，生徒の実態とは乖離した部分がありました。しかし，自分たちの課題を把握し，自分たちで劇をしたり，映像を撮ったりと対策を考えたので，生徒の意識はかなり高まりました。この取組は，核となる生徒の成長がすぐに見て取れます。

ネットトラブルを防ぐために，生徒自身が課題に向き合えるシステムを構築する。教員主導で行っていた取組を，生徒の手に移譲していこう。

35 生徒会と連携して，生徒自身の力で荒れを改善させる

> 生徒指導を進めるにあたっては，生徒の力を最大限に生かすことが大切。そのためには，教員の力よりも，時に生徒の力の方が影響が大きく，学校がよい方向へ動きやすい。

　学校が荒れていたとき，蹴った跡なのか，校舎の廊下の壁にはたくさんの足跡や汚れがついていました。きれいに磨いても次の日にはまた同じところに汚れが付着しているという日々が続きました。

荒れを改善する活動が自尊感情も高める

　「いくら教員ががんばったところで，生徒の意識を変えないことには学校は変わらない」と考え，学校の廊下をきれいにするプロジェクトの部員を募集しました。当時は，任天堂のゲーム「スプラトゥーン」が流行り始めていた時期で，その名を「スプラトゥーン大作戦」としました。廊下の壁をペンキで塗るという作業は，少しばかりやんちゃな生徒にとって魅力的だったようで，多くの生徒がその企画に参加しました。

　養生の仕方やペンキの塗り方などのレクチャーをした後，3階分の廊下の壁をペンキで塗りました。多くの生徒にとって，人生ではじめてペンキを塗る経験になりました。どの生徒も一生懸命塗っており，上手に塗れたところを見るととても誇らしそうにしていました。この取組自体は，生徒に自信をつけさせようとして始めたものではなかったのですが，**生徒の自尊感情が高まるという，思わぬ副産物も得ることができました。**

　「自分たちがきれいにしたところは，ずっときれいなままで維持したい」

「自分たちが塗ったところは友だちにも丁寧に扱ってほしい」

そんな生徒の思いが伝染し，その後，大規模改修があるときまで，ずっときれいな壁が維持されました。

よいことは伝播する

上記は，生徒指導部会と生徒会が連携した取組でした。教員だけで学校をよくしようとするよりも，生徒も巻き込んだ方が学校はよくなります。そして，**よくなるのは一時的なものではなく，生徒に変化をもたらし，長い間目に見える効果として表れます**。これは，学校の荒れを生徒会と連携して乗り越えた一例ですが，これに近い取組は校舎が古くなったどの学校でも行えると思います。私の学校でも，次の年は体育館の2階の柵をきれいにするなど規模を広げて少しずつ学校をきれいにしていきました。

生徒指導界隈ではよく「割れ窓理論」が話題として取り上げられ，「ほころびは早く処理しよう」と言われます。この理論で言われるように，悪いことを放置すると状況が悪化していくのは確かですが，**生徒と力を合わせることで，よいことも伝播していきます**。そして，よいことを知ると，人はさらに上を目指そうと成長します。実際，この取組を行った2年間を機に，この学校はよい方向にかなり変化しました。生徒自身の「気づく目」も少しずつ成長していきました。来校された地域の方も学校がみるみるうちによくなっていくことに感心されていました。目配り，気配り，心配りができる生徒をいろいろな取組を通じて育てていきましょう。

生徒会と協力して，学校をよりよくできる取組を考えよう。非日常的な体験で生徒の秘めた力を引き出すのも1つの手。目配り，気配り，心配りができる生徒を育てよう。

第4章　生徒が変わる生徒指導　083

36 学校が荒れているときこそ、生徒本来のよさに目を向ける

荒れている学校では「あれがダメ」「これもダメ」と生徒を否定的に捉えがち。そんなときは、「生徒本来のよさに目を向けよう」と意識を変える必要がある。

　荒れた学校が落ち着きを取り戻し、活気と笑顔あふれる学校になった取組の1つを紹介します。笑顔コンテスト、通称「えがコン」です。

　行事のときなどに、生徒の様子を写真に収めていると思います。その写真の中には、"キラリ"と光る笑顔の写真があるはずです。その写真をラミネート加工し、階段の掲示板に貼るのです。

　私は出張に行った際に他校の様子をチェックしているのですが、階段や廊下の掲示板には、期限が過ぎたポスターが貼ってあることもあり、時には破れているようなこともあります。そういったとき、「ここに生徒のすてきな笑顔の写真が貼ってあるだけで学校が明るくなるのに…」と感じることがよくあります。

時間はかかっても効果は表れる

　当初、「えがコン」の取組は、荒れているゆえにひと筋縄にはいきませんでした。掲示物が剥がれていたり、写真にいたずらされたりして、そのたびに新しいものにするという根気のいる取組でした。はじめのうちは、同じ写真を何枚も準備し、問題が起きたらすぐに対応していました。

　時間はかかりましたが、生徒の、そして来校された保護者や地域の方の目に留まるようになり、少しずつ学校が明るく、前向きに落ち着き始めました。

後に，教員の分掌で写真部をつくろうかと職員会議で話題になるくらい，重要な取組の1つとなりました。

はじめのうちは行事の写真でしたが，**給食や総合的な学習の時間など，生徒の笑顔が多い場面で写真を撮り，飽きがこないように心がけました。**

どの生徒もすてきな笑顔をもっている

もしも，あなたの学校に広報委員会などがあれば，写真の選別，印刷，ラミネート，掲示，撤去を委員会の仕事にするのもよい方法だと思います。前項の生徒会との連携に関しても，生徒の力を最大限に生かすことが大切と述べましたが，委員会の生徒の力で学校をよくする取組を進めるのです。学校が落ち着いてきたら，生徒にカメラを渡してみるのも1つの手です。実は，教員が撮るよりも，生徒が撮った方がよい写真が撮れることが多いのです。

生徒の，生徒による，生徒のための学校づくり。教員がやっていることを少しずつ生徒に任せていくということがポイントです。「どんな生徒になってほしいか」ということを常に考え，生徒の自治力，自律力が高まる取組を学校全体で進めていきましょう。

どの生徒も，とてもすてきな笑顔をもっています。ところが，**「荒れをどうにかしよう」と意識し過ぎると，生徒を否定的に捉えがち**です。そういった場合は，**「生徒の笑顔を取り戻そう」**と，生徒本来のよさに目を向けることに意識を転換したいものです。

学校が荒れている状況のときにこそ，生徒を否定的に捉えるのではなく，本来のよさに目を向ける活動をしかけたい。学校が落ち着いたら生徒の取組の1つに加えよう。

37 教室や校内の一部のデザインを生徒に任せる

指示されたことがきちんとできることは大切。しかし，そればかりでも，生徒は成長しない。自分たちの課題を見つけ，それを解決していくためには，自分の頭で考える経験が必要。

生徒指導は自律した生徒を育てるために行います。しかし，現実には"指示待ち"の生徒が多く存在します。これは「言われたことをやるのが常に正しいこと」と教えられてきた弊害ではないかと思います。「学校は落ち着いているけれど，なんとなく生徒に活気がない」と感じることがあるのもそのためです。「教員の言ったことはきちんとできるけれど，自分の意思で動くのは苦手」という生徒は，私が受け持ってきた中でも少なからずいました。

教室の一部のデザインを生徒に任せる

こういった生徒には，どのように生徒指導をしていけばよいのでしょうか。おすすめは，**生徒がデザインできるエリアを教室内につくる**ことです。

教室の前面や側面がユニバーサルデザインで全学級統一されているのであれば，背面を生徒に任せるエリアとします。

教室の背面も，教員がデザインしておけば，落ち着いたものとなり，なんとなくまとまった教室をつくり出すことができるでしょう。しかし，生徒に任せるエリアを設けることで，今までは教員に任せていたことも，自分たちで考えていかなければならなくなります。

体育祭までだったら，スローガンを掲げ，長縄の記録やリレーのタイムを大々的に貼り出すのもよいでしょう。合唱祭前になったら，練習の軌跡やど

う歌うか表現や思いが書き込まれた歌詞カードを貼るのもよいでしょう。
　このようにすれば，おのずと自分の頭で考える生徒は増えてきます。教員がすべてのことをデザインしてしまうと，生徒にとって生きた掲示物にはならず，生徒に変化は見られません。**生徒が行うことですから，多少つぎはぎがあっても，見難いものであってもよいのです**（もちろん，公共の場所であるということを指導することは大切です）。

生徒会が自由に表現できるエリアを確保する

　上記は教室に関する一例ですが，生徒指導主事ならば，こういった取組を学校全体に広げることを考えたいものです。
　そこで，生徒会本部が自由に表現できるエリアを校内に確保しましょう。私も生徒会本部の分掌を受けもったことがありますが，生徒は教員が思いつかないすてきなアイデアを数多くもっています。そのアイデアを学校全体に波及させるためには，アウトプットができる場が必要です。
　生徒会本部が変われば，きっと学校は変わります。学級での生徒指導と学校での生徒指導の両方を同時に進めていきましょう。

　教員が答えをすぐに教えてしまうと，生徒は何も考えず，指示待ちになっていきます。とはいえ，何も手がかりがなければ，生徒も動き出せないことがあります。そういったとき，**教員は答えではなくヒントを与え，自発的に行動ができる生徒の手助けをしていきましょう**。

教室や校内に生徒に任せるエリアを確保することで，自分の頭で考えて行動できる生徒を育てていこう。

第4章　生徒が変わる生徒指導　087

38 良好な人間関係を築くために、あそびを有効活用する

良好な人間関係を築くのに，あそびを通すことは効果的。生徒指導においても，人間関係のトラブルを減らし，生徒の学びに向かう姿勢を向上させるのにあそびは有効な方法。

　学びに向かう姿勢を向上させたり，他人に対して寛容になったりするためには，自分自身に余裕，ゆとりがあることが大切です。

　しかし，今の学校生活は，昔より余裕やゆとりが少ないように感じられます。それゆえに，人間関係のトラブルが頻繁に起こり，そのたびに生徒指導という流れになっています。良好な人間関係を築く取組は，生徒指導を行ううえで大変重要です。

生徒にとっての"非日常"

　修学旅行の一番の思い出を書かせたときに，高い割合で出てくるのが「友だちと旅館でトランプや UNO をやったこと」というものです。

　今は，共働きの家庭が多く，家族そろってボードゲームをするような機会もなかなかないと思います。だからこそ，修学旅行の一番の思い出が友だちとやったトランプや UNO になるのです。とはいえ，修学旅行では本当はもっと見てほしいもの，心に残してほしいことが教員側にはあるのに，生徒にその思いは伝わりません。それはなぜでしょうか。

　私は，この理由を「修学旅行に"非日常"が多過ぎるから」と考えました。私の勤務校では，トランプや UNO，ボードゲームは「普段の学校生活ではNG だけど，修学旅行では OK」となっていたのです。**生徒にとっては，教**

員が修学旅行で学んでほしいことよりも，トランプやUNOの方が魅力的な"非日常"だったのです。

小学校でできるなら，中学校でもできる

　以前小学校を訪問したとき，中学校にはない取組がありました。昼休みだけに使えるボードゲームのようなものが，各学級にあったのです。小学校で問題ないならば，中学校でもルールをしっかり設ければ導入できるはずです。

　そこからヒントを得て，私が勤める学校では「お楽しみBOX」という名前で各クラスにボードゲーム（昼休みのみ使用可）を配付しています。各クラスのボードゲームは学級委員会の生徒が管理し，月替わりの交代制で様々なボードゲームを体験できるので，飽きもきません。

　この「お楽しみBOX」を導入した結果，**昼休みの人間関係のトラブルが目に見えて減り，生徒指導を行う必要がほとんどなくなりました**。また，他の場面での学ぶ意欲の高まりも感じられました。修学旅行においても，自由時間の確保が生徒の中で最優先であったところから，しっかり学ぼうと体験学習を希望する生徒が増えました。

　本来の目指す生徒像から逆算して，何が手枷足枷となっているのかを探ってみる。そして，それらを解消するために，慣習にとらわれず魅力的な提案をしていくことも，生徒指導主事の大切な仕事の1つと言えます。

生徒間の人間関係のトラブルを未然に防ぐために，余裕，ゆとりを大切にしよう。本来の目指す生徒像から逆算し，慣習にとらわれず魅力的な提案を試みよう。あそびはその有効な一手となる。

第4章　生徒が変わる生徒指導　089

39 様々な生徒が活躍できるイベントを生徒に運営させる

学級のレクといえば，昔も今もさほど変わらない。ほとんどがスポーツで，体育祭で活躍する生徒だけが活躍し，そうでない生徒は盛り上がることができない。

　学校では，昔あそびはよくても，テレビゲームはタブーと捉えられています。しかし，eスポーツ科のある高校ができるなど，教育界においてもその捉えは変化してきています。私の学級では，コロナが流行る前からeスポーツ大会を実施しています。そして，その活動を続けることにより，生徒にもよい変化が生まれてきました。

学級レクでeスポーツ

　この取組は学級の生徒がかなり変化することが最大のメリットです。
　まずは学級会。学級レク決めに「eスポーツ大会を実施したい」と提案するサクラの生徒を忍び込ませます。今では毎年実施しているのでサクラは必要はありませんが，最初は班長の生徒に相談をもちかけて根回ししました。相談をもちかけた生徒は「学校でそんなことができるの!?」と目を輝かせました。このeスポーツ大会は，**「学校では無理だろう」という固定観念を変え，生徒のアイデアを学校運営に反映させるための効果的な取組**なのです。
　私の学級では，主に「マリオカート」というゲームをやっており，1チーム3人で一周するごとに交代します。4チーム対戦ができ，1回のゲームで12人の生徒がゲームをすることができます。36人の学級であれば，3回ゲームを行うと全員がプレーすることができます。コロナ禍では1周するごとに

コントローラーの消毒作業，通称「ピットイン」が存在し，プレーヤーと同じチームの生徒が手際よく消毒する姿が見られ，とても盛り上がりました。

大会の運営は生徒が行う

　このeスポーツ大会は，ただゲームをやるのではなく，開会式や司会，ルール説明，競技運営（チーム分けやトーナメント表作成），閉会式，表彰式（賞状作成，賞品手配）などの担当を決め，生徒が運営しています。いつものドッジボールでは輝けない生徒がここではヒーローになったり，準備や企画をだれよりもがんばったりと，普段変化しにくい生徒を変えることができます。もちろん，この１回ですべての生徒がよい方向へ変わるなんてことはありませんが，**「能動的に動けば何事も楽しくなる」ということを多くの生徒が実感し，その後の生徒指導がとてもしやすくなります。**

学校全体に紹介する

　今では「特別活動の研究の一環として実施するので，お手すきの先生はご覧ください」と朝の職員打ち合わせで宣伝すると，何人もの先生が実際に参加され，「いつもは見えない生徒のよさを見ることができた」「こんな取組だからこそ輝ける生徒もいるのですね」「自分もチャレンジしたい」と前向きに評価してもらっています。読者の先生方にも，様々な生徒を伸ばす１つの方法として取り入れていただければ幸いです。

スポーツ以外の学級レクを取り入れ，様々な生徒が活躍できる場を用意しよう。学級レクは学級会をきちんと行い，準備，フィードバックを欠かさずに。

40 ダメもとでたくさんの提案を行い，生徒や教員の意識を前向きにする

生徒の活動を活発にするためには，"マンネリ"から抜け出す必要がある。「生徒は何を求めているのか」と常に考え，変化を提供していくことが大切。

「毎週ある生徒指導部会で，何かしらの提案をしてほしい」

これは，ある年の管理職からの依頼でした。そのときの生徒指導部会は，生徒指導報告が大半であり，何か問題が起こったことへの対応策ばかりを話し合っていました。そういった状況を少しでも改善すべく，当時の管理職が「攻めの生徒指導」という意味で，毎週の企画を提案されました。この「毎週の提案」が私にとってはかなりの難題で，いつも頭を悩ませていました。いくら提案しても却下の嵐で，採用される提案は数えるほど。そんな中，ダメもとで提案したのが，飯盒炊爨でした。

育てたい生徒像から活動をイメージする

「同じ釜の飯を食う」とは，生活を共にしたり，苦楽を共にした親しい間柄のたとえです。学級は，教室で同じ時を過ごし，給食を食べる，まさに同じ釜の飯を食う仲間ですが，当たり前の日常過ぎて，このありがたさに気づいていない生徒が多いのも事実です。

最初は「生徒たちに学校で楽しいことを経験させたい」という思いから「おにぎりパーティー」を思いつき，炊飯器でお米を炊き，おにぎりにして食べるという何とも粗末な提案をしました。おそらく，私が当時行った提案の中でも，1，2を争うほどのふざけた提案だったと思います。

しかし、この提案が管理職の目に留まりました。「このままでは全然ダメだが、形を変えればよい提案になる」と管理職に言われ、この提案をもっと練ることにしました。

　東日本大震災のとき、被災地域の中学生は、地域の中で助けられる側ではなく、助ける側でした。つまり、中学生はすぐに動ける、体力もある即戦力だったのです。しかし、私の勤務する中学校では、火を使ったことがない、お米を炊いたことがない、という生徒が大勢いました。こんな状況でひとたび大きな震災が起きたらどうなるでしょうか。そこで、この生徒たちが災害時に地域の役に立つためには火おこしくらい、お米を炊くくらいできないといけないと考え、「飯盒炊爨をしてのおにぎりパーティー」をすることにしました。生徒は悪戦苦闘しながらお米を炊き、多少ゆるかったり、固かったりしながらも、自分たちでつくったおにぎりを美味しそうに食べていました。

ダメもとでもたくさん提案する

　「災害時に地域の役に立つ生徒を育てよう」と生徒指導部会で話し、ここまでの企画になりました。どんな生徒を育てたいかということを生徒指導部会で話し合い、それに見合った活動を提案することは大切です。しかし、最初からそううまくはいきません。この活動もそうだったように、**まずはダメもとでもたくさん提案し、その中から目標が達成されそうな取組をつくっていきましょう**。そして、その提案を生徒指導主事がたくさんすることで「何でも無理と決めつけないで、どうやったらいろんなことができるだろうか」と生徒と教員も解決志向で物事を考えられるようになっていきます。

理想の生徒像に近づくために様々な提案を心がけよう。常に理想の生徒像を思い描き、解決志向で物事を進めよう。

第4章　生徒が変わる生徒指導　093

41 委員会活動の中に，生徒の活躍の場を意図的につくる

> 生徒のよさを存分に引き出すためには，生徒の活躍の場を意図的，意識的につくることが大切。生徒主体の委員会活動を通して，生徒の自主性，自律性を育てていきたい。

　生徒主体の委員会活動ができている中学校はどれくらいあるでしょうか。今の学校は，行事など1年間のうちにやらなければならないことが多く，生徒主体の活動というのは少ないのではないでしょうか。
　もちろん，学校生活を円滑に進めていくうえで教師主導の活動が必要なときもあります。しかし，その活動だけで委員会を行ってしまうと，生徒はあまり成長しません。**生徒のよさを引き出すためには，生徒主体の活動が必須**となります。

「生徒提案コーナー」をつくる

　では，生徒主体の活動を確保するために何ができるのでしょうか。
　その1つとして，月に1回の委員会の話し合いの中で「生徒提案コーナー」をつくるという方法があります。各生徒が学校をよくする，盛り上げるために考えてきた提案はとてもユニークなものが多く，その頭の柔らかさには，時に唸らされることもあります。
　その提案の中ですべてを実施するというのは難しいですが，その月，もしくは翌月までに実現できそうなものを選び，実現していきましょう。

教員は提案ではなく，価値づけに徹する

　例えば，美化委員会では，校内美化には力を入れていても，地域美化には目が向いていない場合があります。このとき，地域美化のための活動を教員が提案してしまうと，"やらされている感"が出てしまい，生徒の成長にもつながりません。時間はかかるかもしれませんが，毎月生徒が提案するコーナーをつくることで，外に目を向けられる生徒がきっと出てきます。そのときに，**「外にも目を向けたよい提案だね」「すばらしいアイデアが出たね」と教員が価値づけることによって生徒は自信をつけ，これからも多くの提案をしようというふうに変化していきます。**

　教員の中にあるものでも，生徒の中から引き出すことができれば，生徒の可能性はさらに広がり，今後の伸びも違ってくるものになるでしょう。生徒主体の委員会活動ができれば，学校は活気にあふれます。積極的生徒指導の一環として，生徒に任せる場面を意図的につくり出したいものです。

教師主導の活動だと…　　　　　**生徒が提案する活動なら…**

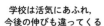

"やらされている感"が出てしまい，
生徒の成長につながらない

教員は価値づけに徹し
生徒の自信を高める

学校は活気にあふれ，
今後の伸びも違ってくる

心得㊶

委員会活動の中に「生徒提案コーナー」のように，生徒が主体的に取り組む活動の場を意図的につくろう。

42 生徒と教員の
フォロワーシップを高める

> 生徒指導を行う際，リーダーばかりに目が行きがちだが，それを支えるフォロワーに目を向けることが大切。リーダーの思いを共有し，フォロワーシップを高めたい。

　積極的な生徒指導は，「リーダーを育てる」「フォロワーを育てる」の2方向で考えていきましょう。学級委員，各種委員会や班の長は，リーダーとして育てていきます。一方で，リーダーを支えるフォロワーも必要です。学校では，リーダーとフォロワーの両方を育てていくことが大切です。

　私が，生徒指導主事になったばかりのころ，リーダーばかりに目が行き，うまくいかなかったことがありました。それもそのはず，大半の生徒はリーダー以外のフォロワーです。そのときのリーダーはすばらしい生徒ばかりでしたが，私の力不足によって学校全体をよい方向へは導けなかったことは苦い経験です。リーダーだけに目を向けていると，その他の大勢が見えず，結果として学校全体を動かすことができません。

フォロワーの生徒の大切さを認める

　では，フォロワーシップを高めるには，どうにすればよいのでしょうか。
　まずは，**教員自らがフォロワーの存在の大切さを認める発信をする**ことです。中学生くらいになると，「自分はリーダー向きではないな」と自覚している生徒は大勢います。そういった生徒たちに「リーダーだけでなく，自分も集団に必要な存在なんだ」と感じさせることが重要です。どんな取組よりも前に，まずは教員のそういった思いを発信することを第一に考えていきま

しょう。

規模に応じた取組を行う

次に具体的な取組です。

各学級では，ランチミーティングで一人ひとりの思いを共有することに力を入れます。各学年では，行事であればスローガンのまわりに生徒それぞれの思いを付箋で貼って掲示物を作成します。学校では，応援団などを結成し，学校全体で盛り上がる応援を考えます。規模に応じたフォロワーシップの伸ばし方をベテランの先生方に聞いて実行すると，教員の理解も得やすいものになります。実は**生徒よりも教員のフォロワーシップを高めることの方が時に難しく，その影響力は大きい**ことを忘れてはなりません。

教員のフォロワーシップを高める

教員のフォロワーシップを高めるには，**傾聴の姿勢が大切**です。「自分はこうしたい」という思いを伝えるよりも，その教員がどういう思いでいるのかということを聞き出しましょう。日頃から傾聴の姿勢を示していれば，いざというときその教員はきっと支えてくれます。学校というものは，1人では何もできません。仲間がいてこそ，大きなことを成し遂げられます。生徒のフォロワーシップを高めつつ，教員のフォロワーシップを高める声かけや姿勢も意識していきましょう。

生徒のフォロワーシップを高めるために，まずは教員がフォロワーの生徒の大切さを認めよう。教員のフォロワーシップを高めるためには，何より日頃からの傾聴の姿勢が大切。

第5章
個別指導と集団指導

43 学級の中での生徒指導
自主性を尊重し生徒自身に考えさせる

> 生徒指導には，個別指導と全体指導の2つがある。全体指導にもいろいろと種類があるが，ここでは，学級の中での生徒指導に焦点を当てて考えたい。

学級の中での個別指導

生徒指導の基本は，1対1の対話です。

今の中学校は，1対1の対話が大事だとわかっていながらも，時間の確保が難しくてなかなかできない状況にあります。

時間がなければ，生み出すしかありません。例えば，朝読書の時間を利用することが考えられます。時間としては長くありませんが，他教室で落ち着いて話を聞くことができます。

ただ，多くの生徒は，呼び出されることに慣れていません。呼び出された時点で，「何を言われるのだろう」と身構えています。このような構えの生徒に，教師が伝えたいことだけを一方的に伝えても，なかなか話が入っていきません。

そこで，1対1で改善が必要な生徒指導関係の話をするときは，伝えたいことをサンドすることを意識します。

①生徒のよいところやがんばっているところ
②教師が伝えたいこと
③生徒のよいところや期待感

このように，**教師が伝えたいことの前後に，その生徒のよいところやがんばっているところ，期待感などポジティブな面を伝える**ということです。

　生徒のよさを伸ばすための，積極的な生徒指導であれば，例えば，「教室で手伝ってほしいことリスト」をつくり，生徒に示します。そして，「そのリストが終わったら報告してね」と伝え，目配り，気配りをできる生徒を育てます。**やらされて動くよりも，自主性を尊重することで，生徒も教員もどちらも気持ちよく生活することができます。**

学級の中での集団指導

　まず，静かな状況で語り始めるのが鉄則です。教室の雰囲気が落ち着かないときは，「静かにしなさい」と注意するのではなく「隣の教室から聞こえる音を聞きましょう」「外の風の音を聞きましょう」と生徒の気づきを促します。

　基本的なこととしてぜひ伝えたいのが，**「群れ」と「集団」の違い**です。「群れ」は，共通の目標をもたない個々の集まりに過ぎません。一方「集団」は，メンバーが共通の目標をもち，そのために協力することができます。

　したがって，話を聞いている学級の状況が「群れ」に近いのか，それとも「集団」に近づいてきているのかによって，話す内容も変わってきます。「群れ」に近い場合，教員自ら目標となる生徒像を語り，生徒一人ひとりが具体的なイメージをもてるようにします。「集団」に近づいている場合は，理想と現実のギャップを踏まえ，**自分たちはどうあるべきかということを生徒たち自身が考えられるように**指導します。

個別指導でも集団指導でも，教師の考えを一方的に伝えるのではなく，自主性を尊重したり，生徒自身に考えさせたりしよう。

第5章　個別指導と集団指導　101

44 学校全体での生徒指導
指導の媒体や場を工夫する

> 学校全体での生徒指導の場は，集会だけではない。達成させたい目的に応じて，生徒指導だよりやポスターなどをうまく使い分けていく必要がある。

ここでは，学校全体での生徒指導を3つに分けて考えます。

生徒指導だより

まずは，「生徒指導だより」です。学校だよりや学年通信，学級通信の他に生徒指導に特化した生徒指導だよりを発行します。私は月に1回程度生徒指導だよりを発行してきました。発行する時期は月の中旬がよいでしょう。上旬，下旬は学校だよりや学年だよりと時期が重なるからです。

内容は，行事で期待すること，行事についての注意事項，生徒のよい動き，生徒の課題，他校での取組など様々で，**学校だよりや学年だよりでは手が届かないところを深堀します**。また，生徒の成長に家庭の協力は不可欠なので，保護者向けに発行する号もつくり，協力を呼びかけることも大切です。

生徒がつくるポスター

学校には様々な団体からポスターの掲示依頼が来ます。どれも大切なことが書かれていますが，生徒にとって身近なものではありません。そこで，**各種委員会にそういったポスターを見本として配付し，自分たちの学校仕様につくり変えてもらいます**。つくり変える生徒は当然そのポスターをしっかり

見ることになりますし，つくり変えたポスターは他の生徒に受け入れられやすいものになります。どんなに立派なポスターでも，届けたい人に届かなければ意味がありません。生徒自身の力でポスターの効果を最大限に高め，さらに1つ上の学校をつくっていきましょう。

集会

最後に「集会」です。集会といえば，全校集会を思い浮かべる方が多いと思いますが，その他にも放送による集会やオンラインの集会もあります。**目的をより達成しやすい集会を選択しましょう。**

例えば，長期休業前の定期的な集会はオンラインにします。このような集会は7，9月の暑い時期や12月，1月の寒い時期に行われるからです。冷暖房設備のない学校では，聞く意思の有無にかかわらず，環境の厳しさから話が頭に入ってこないという状況になりかねません。

放送による集会は，行事前などの注意喚起，地域からの情報など，比較的短時間で伝えられる内容に適しています。朝の会や，給食の時間，帰りの会などの数分間で実施できるというのが1つの目安になります。

全校集会については，生徒の安全に関わることやいじめなど，重大なテーマの場合に実施します。生徒指導として一番考えさせたい内容であり，全員に自分のこととして考えてほしいものだからこそ，全校集会をやる意味があります。

このように，目的に応じて集会の仕方を工夫していきましょう。

学校全体での生徒指導は，指導の媒体や場を使い分け，工夫しよう。集会1つとっても，その目的に応じて放送やオンラインなどもうまく使っていきたい。

45 生徒指導だよりや保護者会の工夫で家庭の理解，協力を得る

> 充実した生徒指導を行うには，家庭の理解と協力が必要不可欠。学校での指導が家庭でも生きるように，保護者との意思疎通を定期的に図りたい。

生徒指導だより

　学校から家庭へのアプローチとして真っ先に思い浮かぶのは，学校だよりや学年だより，学級通信などではないでしょうか。

　私も一担任として，生徒指導主事でなかったころは，この方法をよく使っていました。しかし，学校だよりは校長の考え，学年だよりは学年主任の考え，学級通信は各担任の考えがメインとなり，生徒指導主事の考えを保護者に伝えられるものではありません。

生徒の皆さんと保護者の方々への学校情報だより

令和○年11月
生徒指導部担当

HONGO LIFE
―よりよい学校生活のために―

今後，想定される事柄について

　10月はとてもすばらしい合唱コンクールをありがとうございました。朝に，昼に，放課後に，合唱が聞こえる学校はとてもよい学校だと思います。昨日からは三者面談が始まり，4時間授業が続きます。来週行われる期末試験に向けて，学習時間の確保と質の向上を目指していきましょう。

　下校時刻も早まり，家庭で過ごす時間がこれからは増えます。学校外の想定されるトラブルについて下記にまとめておきましたので，各クラス，各家庭で確認をしてください。

生徒指導は，学校と家庭の両輪で進めていくものだと思います。だからこそ，「生徒指導だより」を定期的に発行し，家庭の理解や協力を得ることは重要です。学校だよりや学年だよりは月初や月末に発行されることが多いため，私は生徒指導だよりを月の中旬に発行してきました。年に11回（8月は除く）ですが，行事前の注意事項や今後心配されることなどに焦点を当てると，保護者の方々への注意喚起にもつながり，予防的生徒指導となります。

双方向型の保護者会

　保護者会といえば，担任が自己紹介して，保護者が自己紹介して，担任の想いを伝えて，というのがオーソドックスな流れです。ここでの課題は，担任の想いが一方通行であるということです。保護者の方の中にはお仕事を休んでまで参加されている方もおられます。だからこそ，保護者の満足度にも目を向けたいものです。保護者の満足度を上げるには，やはり保護者の考えをたくさん吸い上げることです。そのために，教員が一方的に想いを伝えるのではなく，保護者と一緒に考える，双方向型の保護者会にします。

　使うツールはSlido（スライドゥ）というアプリです。スマホさえあればその場でだれでも質問ができますし，共感する質問，意見にGOODボタンを押すとその質問，意見が上位に来ます。それにより，保護者のニーズがどういうものなのかをより詳しく知ることができます。保護者のニーズを知ったうえで対策を講じると，「この学校と協力してやっていきたい」と保護者に感じていただけます。**生徒をどうにかしようとする前に，保護者と確固たる協力関係を築いていくことが生徒指導の第一歩**だと捉えましょう。

生徒指導だよりや双方向型の保護者会を通して，生徒指導は学校と家庭の両輪で進めていくものという認識を保護者と共有しよう。

46 教育相談部との連携を図る

生徒指導を行ううえで，他の分掌との連携は欠かすことはできない。様々な方面から生徒に対してアドバイスができるように準備しておくことが必要。

　生徒指導は生徒指導部だけで行うものではなく，特に教育相談部と連携していくことは大切です。定期的に教育相談部と情報交換や不登校傾向にある生徒への対応を協議，検討しましょう。

　また，時間が合えば，教育相談部会に生徒指導主事であるあなたが出席しましょう。私自身も，教育相談部会に参加したときは，新たな発見がありました。

教育相談週間の実施

　学期ごとに教育相談週間を設け，事前にアンケートを取り，生徒の悩みを把握します。アンケート結果は，教育相談週間後に保存して見返せるようにします。アンケートで出てきた内容は教育相談部と確認し，生徒への早期対応を心がけます。**場合によっては，生徒の悩みを共有するための二者面談，保護者を交えての三者面談など，目的に応じて面談を実施しましょう。**

教育相談部会

　相談室の利用状況，個々の生徒の状況（先週よりも状況が改善されたのか，それとも悪化したのか）を定期的に報告してもらいましょう。生徒指導部だ

けで判断するのではなく，スクールカウンセラーからのアドバイスを基に早期対応を心がけます。**きっと生徒指導部会だけだと気づかない問題も見えてくるはず**です。その後，学年ごとのファイルを活用し，すべての教員が生徒の実態を把握できるように情報の共有を図ります。ケース会議を実施したり，個別の対応の計画を立てたりして，多くの教員でその生徒に対して関わりをもつようにしていきましょう。

不登校支援のためのスクールカウンセラーとの連携

　定期的に行われる生徒指導部会で情報の共有を図り，スクールカウンセラーの専門的な立場からアドバイスを受けましょう。不登校生徒への関わり方は様々で，定期的な面談やスモールステップの目標設定，放課後の生徒との交流など，担任ではできないようなことも多く担っていただけます。

相談室の周知，活用

　「相談室ならば学校に来られる」という生徒は一定数おり，相談室はそういった生徒の心の拠りどころとなっていることを忘れてはなりません。月に1回程度相談室だよりを発行し，生徒が相談室を利用しやすい環境をつくっていくことも有効です。生徒指導部以外の分掌とも連携し，集団だけでなく，個々の生徒にも目を向けていきましょう。

生徒指導は生徒指導部だけで行うものではない。特に教育相談部と連携していくことは大切。スクールカウンセラーと連携した不登校支援なども積極的に行いたい。

第5章　個別指導と集団指導　107

47 目的や実態に応じて面談を使い分ける

面談は，日頃の生活では得ることのできない貴重な情報を得る機会になり得る。目的に合わせた面談を設定し，より生徒指導の効果を高める取組を模索していくことが大切。

　どの学校にも，教員と保護者で行う，もしくは教員と生徒で行う二者面談，教員と生徒と保護者で行う三者面談があると思います。それに加えて，私の学校では，3学期には来年度へ向けた「チャンス面談」というものがあります。それぞれのメリットをあげていきます。

教員と生徒で行う二者面談

　中学生になると，生徒の保護者に対する反抗などで，三者面談がうまく機能しないことがあります（三者面談中に親子げんかが始まることも…）。そんな場合は，二者面談が有効です。落ち着いた環境の中で日頃話せない悩みや相談をすることができます。**普段の学校生活では落ち着いているように見える生徒が「先生，実は…」と意外な悩みを打ち明けることもあります。**

教員と保護者で行う二者面談

　夏休みの家庭訪問の代替策として，学校で保護者と二者面談を行ったことがありました。家庭訪問には，家の様子がわかるというメリットがあるものの，様々な事情で昨今は家庭訪問自体に難しさがあります。また，**面談の目的が，保護者の考えを知るということや，学校の考えを伝えるということで**

あれば，二者面談で事足ります。面談の目的が何なのかを生徒指導主事がはっきり示し，その目的が達成されるための有効な手段を提案しましょう。この二者面談は，保護者との共通理解を図るのにとても効果があります。学校からのおたよりや保護者会とは違って，1対1で話すことができるため，より深く保護者とのコミュニケーションを取ることができます。

教員と生徒と保護者で行う三者面談

　三者面談は，進路関係の話をスムーズに進めるためにはとても有効な手段です。1，2年時は二者面談，3年時は三者面談と目的に応じて設定することも効果があります。以前，各家庭が面談をしたい教員を選ぶという取組をしたこともありました。これにより初任者の負担は減少し，学年職員全員で生徒の進路について考える機会をもつことができました。一部の教員に面談が偏るということはありましたが，保護者の満足度が高いことはもちろん，**面談の多い教員に初任者が同席して勉強する機会を得られるなど，学校側にも相応のメリットがありました**。

来年度へ向けた「チャンス面談」

　1，2年生は来年度へ向けた「チャンス面談」を年度末の2，3月に行います。この面談は，**来年度を迎えるにあたっての不安を少しでも取り除き，新学期によいスタートが切れるようにすることが目的**です。場合によっては保護者を交えた三者面談を行います。

面談は目的に応じて最適な形態を選びたい。1，2年と3年で面談のやり方を変える，来年度に向けた面談を行うなど柔軟に考えよう。

48 ロールプレイングを取り入れた参加型の保護者会を行う

年度はじめの保護者会でのマンネリ化した生徒指導の話に効果は期待できない。保護者にもロールプレイングで生徒指導について考えてもらう機会に変えてみよう。

　年度はじめにはどの学校でも保護者会を実施していると思います。
　大きな流れとしては，全体会で学年の自己紹介，学校・学年方針，進路関係，生徒指導…という感じで進んでいくので，生徒指導の話は最後の方になることが一般的です。
　この生徒指導の話の場面で，生徒主事が一方的に「あれはダメ」「これはダメ」と伝えるだけになっていないでしょうか。長時間，ずっと座って話を聞いている保護者の身になってみてください。おそらく「ずっと座っていて疲れた」「またこんな話か」「早く終わらないかな」と考える保護者も多いはずです。**特に生徒指導の話題は前例踏襲のことが多いため，保護者は「何度も同じような話を聞かされている」とマイナスに捉えがち**です。

ロールプレイングを取り入れた保護者会

　上であげたような課題を踏まえて提案するのが，参加型の保護者会です。生徒指導におけるロールプレイングを保護者に体験してもらうのです。
　全体会の場で保護者に3人1組をつくってもらいます。1人が違反した生徒役，1人がその生徒の保護者役，1人が教員役です。
　内容は，違反をした生徒への対応の仕方です。
　ここで2パターンのロールプレイングを実施します。

1つ目は，違反した生徒に保護者が味方するパターンです。

　生徒＋保護者対教員という2対1の構図ができ上がり，教員役は1人で指導しなければなりません。ここで保護者に体感してもらいたいのは，**教員がよかれと思って指導しても，保護者の立ち位置によって生徒への指導の入り方が違うということ**です。もちろん教員も人ですから，完璧ではありません。しかし，教員と保護者が協力して生徒と向き合わないと，生徒はあらぬ方向へ向かってしまいます。教員はその場のことだけを考えて指導しているのではなく，先々の不安を少しでもなくしたいと願っています。保護者にそういった教員の願いを汲み取ってもらわないと生徒指導はうまくいかない。そのことを保護者に理解してもらうことがこのロールプレイングの目的です。

　2つ目は，保護者が教員に協力的なパターンです。

　1つ目とは逆に，生徒対保護者＋教員の1対2の構図ができ上がります。**1つ目と連続して行うことで，「保護者と教員が協力するだけで，こうも指導の入り方が違うのか」と強く実感してもらうことができます**。このようにして，教員と協力して指導にあたるメリットを保護者にしっかり感じてもらうことが大切です。

　1つ目のロールプレイングでも2つ目のロールプレイングでも，教員役の願いは「生徒によくなってほしい」ということで同じです。しかし，保護者の立ち位置次第で，教員も「変なクレームがこれからも来そうで怖いな」と感じることもあれば，「これからもこの保護者となら，協力して生徒を育てていけそうだ」と感じることもあるということを体感していただけます。

年度はじめの保護者会で生徒指導主事の伝えたいことを一方的に伝えるのは避けたい。保護者参加型のロールプレイングを取り入れ，学校と家庭が両輪となって行う生徒指導の土台をつくろう。

第5章　個別指導と集団指導　111

第6章
こんなことも生徒指導

49 毎日のことを丁寧に指導する

> 生徒指導は特別なことではなく，日常生活の中で指導していくべきことが多く存在する。朝や帰りの会，提出物など，普段の関わりの中でも意識して指導に当たることが重要。

朝の会

　落ち着いた朝の会を目指しましょう。年度当初の4月というのは，生徒にも緊張感があり，朝の時間も静かに待っていることが多いはずです。このときの様子をしっかりと生徒に覚えさせましょう。この静かな環境は毎日少しずつ変化していきます。少し騒がしくなったら，元に戻すという作業を繰り返し行いましょう。**変化の機微をつかみ取ろうとする姿勢が大切**です。

帰りの会

　帰りの会の生徒たちは浮足立っていることが多いです。解放的な気持ちになっている様子が見て取れます。そんな中でも注目したいのは，生徒の荷物です。教員も早く帰りの会を終わらせようと，準備ができていないのに帰りの会を始めてしまうことがあります。サウナで「ととのう」という言葉がありますが，1日の最後だからこそ「ととのう」状態を目指しましょう。準備ができた生徒から「黙想」して待つというのも有効な手段の1つです。**「静かにしなさい」と教員が指導するのではなく，生徒自身が望ましい姿に近づいていくようにしましょう**。ただし，この取組はすぐにできるものではなく，かなりの時間がかかり，教員側の忍耐力が試されます。しかし，これを当た

114

り前のようにできるようになると，生徒の落ち着き方が違います。
　生徒指導主事なら，他の学級の若手教員が生徒指導で悩んでいたら，「私の学級の帰りの会を一度見に来てごらん」と声をかけてみましょう。生徒も育て，若手も育てる。生徒指導主事の醍醐味です。

提出物

　荒れている学級は提出物への意識が低いです。教室の黒板に未提出の名前がたくさん貼られていないでしょうか。これは「未提出者の名前を貼ればOK」という教員の意識から変える必要があります。
　教員に置き換えてみてください。教員も人間ですから何かを忘れることがあると思います。そのたびに職員室の前方に名前が貼られたらどうでしょうか。はずかしさ，怒り，悲しみ，人によって感じ方は様々ですが，ネガティブな感情がこみ上げます。当然，生徒も同じように感じるはずです。
　私は，未提出者には次の３点を確認します。
①未提出であることの自覚があるか。
②その提出物は何％まで完了しているか。
③がんばればいつまでに提出できるか。
　こうすれば，多くの生徒はしっかりと③の期日を守ろうと努力します。その努力の過程をほめ，期日までに出せた場合はさらにほめてあげます。**「提出日に間に合わなかった」という負の経験を，「約束を守ることの大切さ」を感じる経験へと転化させます**。時間はかかりますが，生徒の自尊感情を育てながら，望ましい生徒指導を進めていきましょう。

朝や帰りの会は落ち着いた状態を毎回つくるよう心がけよう。提出物は，約束と見届けまで行うことが重要。

第６章　こんなことも生徒指導　115

50 授業中と休み時間の立ち位置を意図的に変える

> 授業中と休み時間のメリハリを意識するだけで、生徒は休み時間に教員に話しやすくなる。生徒のストレスを少しずつ解消すれば大きな生徒指導に発展することはほとんどなくなる。

　生徒指導主事といえば、生徒からすると怖い存在であることが多いと思います。そのことを意識していないと、生徒の気持ちに寄り添うことはできず、頭ごなしの指導になりかねません。特に、授業中と休み時間で意図的に立ち位置を変えることが大切です。

授業中

　学校の基準をつくっているという自覚をもちましょう。
　よいことは積極的にほめ、だめなことには毅然とした態度で接するようにしましょう。
　また、フラットな状態で生徒に接することが重要です。授業の前の時間に生徒指導があったとしても、そのことを授業中も引きずってしまうというのは、自分自身がとても未熟な姿をさらけ出してしまっているということです。「チャイムが鳴ったら、授業者という役を演じている」という意識をもちましょう。
　また、**服装、言葉づかいなど、授業の中身以外の細かい部分まで生徒からチェックされています**。どこを切り取られても誤解のないように行動するよう努めましょう。

休み時間

　生徒指導主事としての休み時間のおすすめの過ごし方は，**「廊下で暇そうにしている」**ことです。
　生徒指導主事の仕事は多岐にわたり，多忙を極めることもあります。したがって，実際には暇なときなどというのは片時もありません。中学生ともなると，そういった教員の姿には敏感なもので，「今は忙しそうだから，話をしたら迷惑かな…」などと気をつかってしまいます。せっかく話したいと心では思っていても，そういったことが原因になって行動に移せないということもあるのです。
　そんなとき，生徒指導主事が廊下で暇そうにしているとどうでしょうか。私も経験がありますが，生徒の方から話しに来てくれます。たとえ悩みや相談事でなかったとしても，生徒理解を進め，後にあるかもしれない生徒指導のための土壌を整えておくことは重要です。
　生徒指導は，自分の学級だけではなく，他学級で起こることもしばしばあります。だからこそ，**教室ではなく，廊下で暇そうにしていることが大切**なのです。生徒指導がうまくいっていない担任ほど，休み時間に生徒と一緒にいることは稀で，基本的に職員室にいることが多いものです。したがって，生徒指導主事は，担任の立ち振る舞いを見て，「この学級は生徒指導が起こりやすそうだ」と心の準備をしておくことが大切です。

授業中と休み時間で教員のスタンスを意図的に変えよう。授業中は，学校の基準をつくっているという自覚をもち，毅然とした態度で。休み時間は生徒が声をかけやすい状況をつくり出し，他学級の状況にも目配りをしよう。

51 給食，清掃活動を通して，相手を気づかう力を育てる

> 生徒指導は，毎日活動がある給食や清掃のときにも意図的に行うことが大切。望ましい人間関係を構築できるような声かけができる生徒を育てたい。

給食活動

　盛りつけでは，素早く，手際よく行うことに目が行きがちですが，どの生徒にも同じ量を配分したり，片づけ時に当番が困らないようきれいに盛りつけたりと，**自分以外の人のことを考えた声かけを重視しましょう。**教員の何気ないひと言が生徒の成長にとても大きく影響することも忘れてはいけません。食は「人を良くする」と書きます。生徒同士のコミュニケーションを促しながら，学級が望ましい姿に近づくように指導していきましょう。

　配膳では，渡す側と受け取る側のどちらに対しても指導します。渡す側には，箸やスプーンの向き，スタンダードな配置を守らせます。そして，渡すときには「どうぞ」のひと声をかけるように指導しましょう。こういう指導をないがしろにすると「机の上に置いてあればいいんでしょ」と縦や斜めに置いたり180度回転した向きで置いたりと，行動が雑になります。どの置き方がふさわしいかを考えさせることも大切です。また，受け取る側には，机の上や通路を片づけて，当番がスムーズに配膳できるように心がけさせましょう。そして，給食を受け取るときには「ありがとう」とひと声かけるように指導します。飲食店において，店員に横柄な態度で接する客を見かけることがありますが，店員と客は対等の関係です。生徒が同じような状況できちんとお礼を言えるように，日頃の給食活動でも指導したいものです。

清掃活動

　過ごす環境がきれいなのと汚いのとでは，どちらが生徒にとってプラスになるかは明白です。自分たちが使った場所をきれいにすることはもちろん，次に使う人のことまで考えさせたいものです。

　清掃時の生徒の様子を見れば，その学校が落ち着いているかどうかは一目瞭然です。出張で他の学校へ出向く機会があれば，清掃の様子まで見させてもらいましょう。そして，その学校と自分の学校を比較し，自分の学校に足りない部分があるならば，その学校を参考にし，よりよい生徒を育てるための方策を考えましょう。

　清掃活動の際，教員が生徒と共に清掃を行っている学校は多いと思います。それはそれですばらしい取組ですが，監督している清掃場所全体の様子をしっかりと把握することはより大切です。特に生徒指導主事は，積極的に各清掃場所を回り，生徒の様子を把握しましょう。そして，**担任の目につかなかった生徒のよいところや清掃時の課題を見つけ，その担任と共有し生徒を伸ばしていきましょう。**

　給食や清掃はほとんどの学校で毎日ある活動です。毎日ある活動だからこそ，意図的に声をかけたり，働きかけをしたりと，生徒を少しずつでも伸ばす工夫が大切になってきます。日々多くの業務に携わっている中ではありますが，**ほんのちょっとの働きかけを続けることで，1年後の生徒は見違えるように成長している**はずです。

給食，清掃活動は，相手のことを気づかう力を養う大切な時間であることを生徒に意識させよう。出張の際には，他校の清掃の様子を見せていただき，よりよい生徒を育てるための方策を考えよう。

52 学級会を通して，自己選択，自己決定の力を育てる

積極的な生徒指導の一環として，学級会を取り入れたい。学級会には自己選択，自己決定の場があり，仲間と協力しながら1つのことをやりとげる貴重な経験をすることができる。

　生徒の力を伸ばすためには，**自己選択，自己決定の場を確保し，自己実現へ向けて生徒自身が動き出す経験が必要不可欠**です。

　しかし，中学校は年間行事予定表がびっしりと詰まっており，生徒の自己選択，自己決定の場を確保するのはなかなか難しいのも事実です。そこで，学校全体で学級会に力を入れてみましょう。

　学級会は特別活動の一部であり，生徒が自らの生活や学習に関する課題を話し合い，解決策を見つける場です。これにより，生徒は自治的な能力を養い，集団としての意識を高めることができます。学級会を通して，コミュニケーション能力や協力・協調の姿勢の向上，自己実現の機会に恵まれます。学級会は，生徒が主体的に学び，成長するための重要な場であり，教員の適切な指導の下でその効果が最大限に発揮されます。

　特別活動を担当している教員と連携し，どの学級でもスムーズに学級会が行われるように型を整えます。基本的な型をつくってしまえば，あとは応用がききます。**自分たちで選択し，実行したことについては，生徒は最後までやりきろうと努力します**。学級会を通して生徒の企画力を向上させ，粘り強さを引き出していきましょう。

学級会（4）月（21）日（金）曜日（5）時間目				
議題	クラスの仲を深めるためのレクを考えよう			
提案理由	2年生になってからもう2週間経ちますが、クラスの全員と仲がよいという人は少ないのではないでしょうか。新しい友だちが少しできてきたこの時期にクラスでレクをすれば、クラスの雰囲気がよくなり、仲もより深まると思い、このレクを提案しました。			
役割	司会			
	黒板記録			
	ノート記録			
話し合いのめあて	いろんな意見を出し合い、計画まで立てよう。			
決まっていること	4月22日の学活の1時間を使ってクラスレクをやる。			
話し合いの順序	時間	気をつけること、進め方		メモ
1．はじめの言葉 2．役割の紹介 3．議題の確認 4．提案理由の説明 5．めあての確認 6．話し合うことの確認	5分	・はじめの言葉、○○さんお願いします。 ・役割紹介、司会の○○です。続いて黒板は○○です。 ・本日の議題は… ・提案理由の説明、提案者○○さん、お願いします。		
7．話し合い 柱1	15分	グループで話し合い（3分）、挙手して発表する。 出た意見に意見やつけ加えたい言葉を言う。 自分の考え （　　　　　　　　　　　　　　　）		
柱2	15分	その目標を達成するために皆でできることをグループで話し合う。（3分） 出た意見を黒板にまとめる。みんなで取り組めそうなものを決める。 自分の考え （　　　　　　　　　　　　　　　）		
8．決まったことの発表 9．振り返り 10．先生の話 11．おわりの言葉	10分	・決まったことを発表します。 ・今日の振り返り、感想をプリントの下の欄に書いてください。 ・先生の話、お願いします。 ・終わりの言葉、○○さんお願いします。		
振り返り		自分の意見を考えて、発表できましたか？	◎	○ △
		友だちの意見をしっかりと聞けましたか？	◎	○ △
		自分もよくて、みんなもよい解決ができましたか？	◎	○ △
感想				
（　）番　　氏名（　　　　　　　　　　　　）				

特別活動と連携しながら、学校全体で学級会に取り組もう。自己選択や自己決定ができる学級会を通して、生徒の企画力を向上させ、粘り強さを引き出そう。

第6章　こんなことも生徒指導

53 異学年集団での活動を積極的に取り入れる

異学年集団の中でこそ身につく力がある。特に上級生にとってのメリットが大きい。人の上に立つことを通して,自身の行動を振り返ることができる生徒を育てたい。

異学年集団での活動を行うと,いろいろなリーダーが育ちます。中学校での異学年集団といえば,行事や部活動です。

行事

体育祭や合唱祭などの中で,学年を跨ぐ縦割りで活動する機会をもちましょう。

ひと昔前は,「上級生と接すると,下級生が悪さを覚えてしまう」などと警戒されがちでしたが,そうではなく,**「上級生も下級生も伸ばしていく」**という視点が大切です。

体育祭であれば,競技練習や応援練習などで上級生が下級生にお手本を示すことができます。合唱祭であれば,全体での合同練習の他に,パートごとの合同練習を行い,上級生が下級生にアドバイスをするといった練習も可能です。

上級生から下級生に対して,アドバイスをしたり,合同練習をしたり,メッセージカードを送ったりすることで,縦のつながりを意識することができます。教員の指導が通りにくくても,異学年集団での活動を通して,理想の先輩に近づこうと努力し始める生徒もいます。

部活動

　中学校では，言葉づかいや礼儀などを部活動を通して学ぶ生徒が多いのではないでしょうか。

　上級生には，「率先垂範」を心がけさせます。そして下級生には，先輩の姿から学び，行動を起こそうと呼びかけています。例えば，体育館で先輩が先にモップがけをしていたら後輩が「代わります！」というような姿です。**偉そうにしている上級生にはだれもこのようについてはこないということを，上級生にも指導していく必要があります。**

つまずいたときが生徒を伸ばすチャンス

　行事や部活動において，上級生が下級生に指示を出し，動かす場面を多くつくります。人を動かすことに慣れていない生徒は，ここで必ずつまずきます。**このつまずいたところこそが，生徒を伸ばす絶好のチャンス**です。生徒のつまずきに寄り添い，解決に向けて一緒に考えることで，その生徒は心を開き，望ましい生徒指導を行うことができます。

　このように，行事や部活動の異学年集団による活動は，同学年集団ではなかなか身につかない力を培うことができます。異学年集団の活動を学校全体で積極的に取り入れ，生徒の力を伸ばしていきましょう。

行事の練習の中に，異学年集団による活動を積極的に取り入れ，上級生と下級生両方を伸ばす意識をもちたい。部活動では，異学年での関わりを通して，言葉づかいや礼儀はもちろん，互いを思いやる姿勢を身につけさせたい。

第6章　こんなことも生徒指導　123

54 家庭訪問の効果を最大限に発揮する

家庭訪問は生徒指導においても重要な位置づけ。家庭訪問の効果を存分に発揮するために，意識したいことやNGを整理しておく必要がある。

ここでは，家庭訪問で意識したいポイントと，家庭訪問で避けるべきNGトークをそれぞれあげます。

これらを押さえることで家庭訪問がより効果的になりますが，家庭訪問は万能ではなく，地域によって様々な事情もあると思います。状況に応じて，来校していただく，手紙や電話で連絡を取るといったことも視野に入れましょう。

意識したいポイント

①**時間を守る** 約束の時間を厳守することで，保護者の信頼を得ることができます。
②**家に上がらない** 玄関先での訪問を基本とし，時間を有効に使います。
③**接待を断る** 時間を守るために茶菓の接待を断ることをあらかじめ伝えておきます。
④**尋ねる内容を前もって知らせる** 学級通信などで事前に質問内容を伝えておくと話がスムーズに進みます。
⑤**ポジティブな話題を取り上げる** 生徒のよい点や成長を中心に話すことで，保護者に安心感を与えます。

⑥**エピソードを1つ準備しておく**　生徒の学校での様子を具体的なエピソードで伝えると，保護者に安心感を与えます。
⑦**よい聞き役になる**　ほほえみや相づちを忘れず，保護者の話をしっかり聞き，共感や理解を示すことが大切です。
⑧**小さいころの写真を見せてもらう**　可能であれば生徒の小さいころの写真を見せていただくと会話が弾みます。
⑨**礼儀正しくふるまう**　基本的なことですが，清潔な身なりと礼儀正しい態度で訪問します。

家庭訪問で避けるべきNGトーク

①**他の生徒や保護者の悪口**　他の生徒や保護者についてのネガティブな話題は避けましょう。これは信頼関係を損なう可能性があります。
②**前担任の批判**　前の担任についての批判的なコメントも避けるべきです。プロフェッショナリズムを保つことが重要です。
③**プライベートな質問**　家庭の経済状況やプライベートな問題についての質問は避け，必要以上に踏み込まないようにしましょう。
④**ネガティブな評価**　生徒の悪い点ばかりを強調するのではなく，よい点を中心に話すように心がけましょう。
⑤**宗教や政治の話題**　これらの話題はデリケートで，誤解や対立を招く可能性があるため，避けるのが無難です。
⑥**専門用語の多用**　保護者が理解しにくい専門用語は避け，わかりやすい言葉で説明するようにしましょう。

家庭訪問の際に意識したいポイントやNGな部分は，教員間で共通理解を図っておこう。

55 学校に通う200日ではなく、365日が生徒指導という意識をもつ

学校だけで生徒指導は完結しない。生徒を伸ばすのは200日の学校生活だけでなく，365日の日常生活であると考えよう。そのためには，保護者の協力が不可欠。

　生徒は，学校にいる時間だけでなく，家にいる時間にもずっと成長しています。そのため，1年間のうちで生徒が学校に通う約200日間の中だけで何とかしようとしても，なかなかうまくいかないことも多いのではないでしょうか。

　そこで，保護者へのアプローチの仕方を工夫してみましょう。保護者は生徒が学校に通っている200日も，休みなどで家庭にいる165日も，ずっと生徒のことを見守っています。

保護者の理解，協力を得ることの大切さ

　家庭からの協力を得るためには，まず日々のおたよりに力を入れることをおすすめします。

　教員の働き方改革などで，昔よりも学級通信を発行している教員は減ったように感じます。確かに，学級通信は時間がかかりますが，保護者との良好なコミュニケーションを取るうえで有効な手段であることに変わりはありません。

　私自身にも，このことを実感した経験があります。学級通信を毎日のように書いていたころから，月に1回程度に減った時期がありました。そして，その減った時期に保護者とうまくコミュニケーションを取ることができなく

なったことがあったのです。

　生徒は学校だけで育てているわけではありません。学校が生徒に期待することや、生徒を成長させたい方向を保護者に明示していくことは、望ましい生徒指導を進めていくうえで非常に大切になってきます。

教員間の協力体制をつくり上げる

　生徒指導通信を発行することの価値については先にも述べましたが、学校の組織では、生徒指導主事1人だけががんばるよりも、学校の教員全体でがんばる方が効果的です。

　学級通信1つ取っても、「学級通信を出していて、このようなよいことがあった」という例を共有することで、「去年よりも出してみようかな」「今まで出したことがなかったけど、今年は出してみようかな」と教員の意識が変化します。その変化が家庭にも伝わり、ゆくゆくは生徒の成長につながっていくのです。

　このように考えると、**生徒指導を上手に進めていくための最も大切なポイントは、教員間の協力体制をつくり上げること**であると言えます。そのための取組を考えることこそが、生徒指導主事にとって一番の仕事なのかもしれません。

家庭からの協力が得られるようにするためには、学校側の自己開示が大切であり、その手段の1つが学級通信。学級通信を発行するのは一人ひとりの担任なので、担任がやる気になる声かけ、取組を実施していくことが生徒指導主事の重要な役割になる。

【著者紹介】

力久　晃一（りきひさ　こういち）

1989年1月23日生まれ。佐賀県武雄市出身。
2011年創価大学工学部卒業。
同年より埼玉県で公立中学校教諭（数学科）として勤務
2019年度埼玉県連合教育研究論文新人奨励賞を受賞。
単著に，『ワクワクしないとつまらない　現場発　教育のヒント集』（2020年，幻冬舎），『中学校　生徒のホンネを引き出す技術』（2022年，東洋館出版社）がある。
「数が苦を数楽へ」をテーマに授業を展開，数学質問部屋を運営。
Xアカウント（@JOYPOWERJOY）
「リキラー@中学校教員　現場の声を届けたい。」

実務が必ずうまくいく
中学校　生徒指導主事の仕事術　55の心得

2025年3月初版第1刷刊　©著　者　力　久　晃　一
　　　　　　　　　　　　　発行者　藤　原　光　政
　　　　　　　　　　　　　発行所　明治図書出版株式会社
　　　　　　　　　　　　　　　　　http://www.meijitosho.co.jp
　　　　　　　　　　　　　（企画）矢口郁雄　（校正）大内奈々子
　　　　　　　　　　　　　〒114-0023　東京都北区滝野川7-46-1
　　　　　　　　　　　　　振替00160-5-151318　電話03(5907)6701
　　　　　　　　　　　　　　　　　　ご注文窓口　電話03(5907)6668
＊検印省略　　　　　　　　組版所　株式会社木元省美堂
本書の無断コピーは，著作権・出版権にふれます。ご注意ください。

Printed in Japan　　　　　　　　　ISBN978-4-18-450539-1
もれなくクーポンがもらえる！読者アンケートはこちらから →